LES GRANDS DRAMES DE L'HISTOIRE

LATUDE

OU

35 Ans de Captivité

LA

CONSPIRATION

DE

MALET

LIBRAIRIE
BERNARDIN-BÉCHET
53, Quai des Grands-Augustins, 53
PARIS

Latude

La Conspiration de Malet

LATUDE

LA CONSPIRATION DE MALET

LIBRAIRIE BERNARDIN-BÉCHET
53, Quai des Grands-Augustins, 53
PARIS

Latude

Latude

I

Dans l'étroit laboratoire que Louis XV lui avait ménagé à Versailles à proximité de ses appartements, Quesnay, médecin de la cour, était occupé, ce matin d'avril 1749, à une bien étrange besogne. Avec mille précautions, il faisait sauter les cachets d'un petit paquet oblong que la poste, une heure avant, venait de remettre au corps de garde avec cette adresse : « A Madame la Marquise de Pompadour, en cour. »

Déchirant une première enveloppe, il lut ces mots, écrits sur le couvercle d'un coffret, en orthographe fantaisiste : « Je vous prie,

Madame, d'ouvrir le paquet en particulié. » Il n'y avait pas là de quoi étonner le praticien. Depuis que la belle Jeanne Poisson, en s'imposant à la cour, était devenue marquise de Pompadour, et maîtresse en titre, ce n'était pas le premier envoi de ce genre qui parvenait à Versailles.

La marquise était sortie victorieuse d'une âpre lutte avec le ministre Maurepas, qui avait le tort de lui reprocher ses folles dépenses. Elle l'avait chassé de Versailles; autour de l'exilé s'étaient groupés tous les ennemis de la favorite — et ils étaient nombreux. Ils la couvraient d'épigrammes cinglantes et, de temps à autre, lui envoyaient quelques-uns de ces parfums dont l'odeur a vite fait de vous engourdir à jamais. Le médecin de la cour, nuit et jour, était sur ses gardes; des flacons de contrepoison s'alignaient dans ses armoires; il analysait dans ses éprouvettes les moindres mets destinés à la table de la marquise; c'est chez lui enfin que s'arrêtait, avant de parvenir à destination, le courrier de la toute-puissante favorite.

Il était donc banal, cet envoi que recevait ce matin-là le médecin de Louis XV. Quatre petites bulles de verre fondu dormaient au fond du coffret sur un lit de poudre grisâtre. Aucune odeur.

« Plaisanterie qui coûtera cher, murmura en souriant Quesnay. Pour une fois, nous allons divertir Mme la Marquise. »

Il prit l'anodin coffret, l'adresse qui l'accompagnait et se dirigea vers les appartements de Mme de Pompadour. Comme il traversait l'Œil-de-Bœuf, des éclats de voix, partis du grand vestibule, le firent revenir sur ses pas. Un forcené, que les valets de chambre et les gardes suisses s'efforçaient d'arrêter, montait l'escalier des ambassadeurs.

— Laissez-moi passer, criait-il, il y va de la vie de la Marquise!

Le médecin s'avança :

— Que veux-tu? Qui es-tu?

Maîtrisé par deux laquais, l'intrus déclara d'une voix essoufflée :

— J'étais hier aux Tuileries, près d'un bosquet. J'entendis deux hommes, qui ne pouvaient me voir, discuter avec animation. Le nom de Mme de Pompadour frappa mes oreilles. J'écoutai. Ils parlèrent de vengeance, de poison. Puis ils sortirent du jardin, prirent la rue Saint-Honoré. Je les suivis. En passant devant la poste aux lettres, je les vis mettre dans la grille un petit paquet. La Marquise est en danger! Laissez-moi la voir! Laissez-moi la voir!

— Plus bas! ordonna le médecin.

Il était trop tard. Tout ce vacarme ameutait l'antichambre. Des portes s'entre-bâillaient. Le bruit qu'un fou avait violé la grille du palais courait déjà dans les appartements. En quelques instants, seigneurs portant épée, dames de la cour, chambrières et laquais, firent cercle autour du héros de cette matinée; libéré de l'étreinte des gardes suisses, sur les ordres de Quesnay, il répétait machinalement son récit à qui voulait l'entendre.

C'était un homme assez grand, maigre; malgré sa mine piteuse, ses vêtements lacérés, son jabot en loques, une certaine distinction émanait de sa personne. Dans son visage glabre, brillaient deux yeux bleus singulièrement vifs, presque moqueurs. Pas de perruque, contrairement à la mode, mais des cheveux bruns touffus. Il paraissait vingt-cinq ans, mais devait être plus jeune encore; il avait certainement beaucoup vécu déjà. Il semblait très maître de lui-même; ce n'était certes pas un fou; il avait prévu les conséquences de son acte.

— Laissez-moi passer, il y va de la vie de la marquise!

On apprit à la ronde, de sa bouche, qu'il s'appelait Danry; qu'il était apprenti chirurgien à Paris dans le quartier Saint-Antoine et vivait misérablement. Le dévouement de ce malheureux à la maîtresse du roi attendrissait. On louait sa célérité, son audace et plus d'un courtisan prenait déjà le chemin des appartements de Mme de Pompadour pour lui annoncer combien elle était aimée du peuple. Seul, Quesnay gardait tout son calme. L'innocent paquet reçu le matin, l'arrivée brusque du dénonciateur, tout cela était bien mystérieux. Arrachant Danry aux marques d'affection qu'on lui prodiguait de toutes parts, il le reconduisit jusqu'au corps de garde :

— Vous aurez bientôt une bonne visite, lui dit-il en le quittant. Et, traversant la cour de marbre, il se rendit chez le lieutenant de police.

II

Il était tard lorsque Danry parvint au taudis qu'il habitait dans une masure de la rue du Coq. A la fenêtre, un garçon d'assez mauvaise mine le guettait.

— C'est fait! cria Danry du plus loin qu'il l'aperçut. Et il grimpa quatre à quatre les trois étages du mauvais escalier de bois.

— Ah! vieil ami, c'est fini de la misère. J'ai été le roi ce matin, là-bas, bien plus que le roi. Tous, ils ont voulu me voir et me parler. Vive la vie, mon bon Binguet!

Ledit Binguet partit d'un grand éclat de rire et demanda :

— Et Elle?

— Elle? Pas vue, fit sourdement Danry.

Mais je suis so[illegible] sortons, Bingue[illegible] ce soir.

Binguet, pic[illegible] l'ami inséparabl[illegible] dans la chaise [illegible] deux se rendai[illegible] ses études d'ap[illegible] cher fortune, e[illegible] où il avait rem[illegible] d'aide chirurgien [illegible]

Depuis, ils tra[illegible] existence [illegible] l'un purgeant, l'[illegible] ils rôdaient de [illegible] vaient, couraient [illegible] pauvreté en dép[illegible] ils avaient en poche [illegible] laient Mme Coquebin, [illegible] par donnait, car elle n'avait pas eu une je[illegible] des plus sages.

Comme chaque soir, [illegible] Saint-Antoine, mais [illegible] de [illegible] Au coin de la rue [illegible] la Pomme de Pin [illegible] les saluèrent. Ils [illegible] blonde blanchisseuse [illegible] Saint-Mart[illegible] et Marion, qui n'avait pas de métier bien fixe. Et, durant les deux heures qu'il eut à dormir cette nuit-là, rue du Coq, Danry rêva qu'un carrosse de la cour venait le prendre, pour l'attacher au service de la Pompadour reconnaissante...

***

Il fut réveillé par des coups redoublés frappés à sa porte. Il ouvrit, croyant voir un laquais poudré. Une grande silhouette sombre était sur le seuil.

— Le sieur Danry?

Sur un signe affirmatif du chirurgien fort intimidé, l'inconnu entra.

— Je viens de Versailles, dit-il en s'installant. Vous n'êtes pas sans connaître toute l'importance de votre révélation d'hier. Le roi, qui est votre obligé, désire, vous le pensez bien, tirer cette affaire au clair. Le coup vient de haut. Il y a un grand coupable à découvrir.

Puis, après une pause, il poursuivit :

— Vous le connaissez, vous l'avez vu aux Tuileries, vous l'avez vu dans la rue Saint-Honoré. Vous pouvez nous être très utile, nous attendons de vous quelques précisions.

L'exempt du guet Saint-Marc, l'homme de confiance du lieutenant de police de la cour, avait le calme et le naturel nécessaires à son métier. Les allures aimables de ce grand diable eurent tôt fait de chasser chez Danry l'émoi que lui avait causé une entrée aussi inopinée.

— Venez, dit-il, nous allons travailler ensemble. J'ai dans l'idée que la besogne sera dure. Mais j'arrive chez vous bien impromptu.

— Je faisais la grasse matinée, dit Danry pour excuser son accoutrement de nuit.

— En effet; il est déjà l'heure de dîner! Aussi je vais vous attendre en bas, tandis que vous vous habillerez. Vous prenez vos repas sans doute non loin de là? Puisque je suis dans ce quartier de Paris, je m'invite à votre table, si vous voulez bien de moi. Mais ne changez rien à vos habitudes.

Danry, un peu estomaqué, balbutia quelques mots d'acquiescement, de remerciement, dit tant bien que mal tout l'honneur que lui causait une telle visite, pria M. de Saint-Marc de l'attendre pendant qu'il enfilait en hâte son pourpoint et ses chausses, et partit bras dessus bras dessous avec lui au nez de Mme Coquebin qui ne l'avait jamais vu en si bonne compagnie.

Saint-Marc se laissa conduire :

— Menez-moi à votre lieu accoutumé, dit-il.

— Mais... objecta Danry, qui hésitait à qualifier son compagnon de monsieur ou de monseigneur.

— Si, si, insista Saint-Marc, un soldat comme moi n'a pas plus le goût du luxe que vous.

On alla donc à la *Pomme de Pin*. On retrouva là Binguet, Annette et Marion, auxquels l'exempt du guet fit fort bonne figure.

— Je me plairais fort parmi vous, je reviendrai... Pour célébrer notre heureuse rencontre, une bouteille de Mâcon, voulez-vous?

On commença par du Mâcon, on continua par du Bourgueil, on finit par un esprit-de-vin venant en droite ligne du Calvados, au dire de l'aubergiste.

Binguet, un peu chancelant, regagna son officine avec quelque retard. Annette et Marion ne se décidèrent qu'à la nuit tombante à aller rejoindre le drapier de la rue des Canettes et le marguillier de Saint-Eustache qui les attendaient sur un banc de la place des Vosges.

— Vous êtes pressé? demanda Saint-Marc.

— Bah, répliqua Danry, à quoi bon se tuer pour tuer les gens. J'avais deux patients à saigner, ils attendront. L'eau-de-vie de Calvados m'a enlevé ma sûreté de main.

— Vous travaillez fort, à Paris?

— Quand la bourse est vide, il faut bien. Entre temps, le moins possible. J'aime Paris et ses femmes. J'ai voulu en profiter trop vite. Je suis venu à la ville avec quelques sous. Ils ont duré un mois. Depuis, la misère, mais, toujours gaie; Binguet la partage.

— Votre ami, l'apothicaire? Quel bon vivant!

— Oui, et jamais à court d'idées. Il vivrait où je mourrais de faim. C'est lui qui m'a sauvé souvent. Il connaît bien son métier... et quelques autres!

— Vous comptez faire votre vie dans la médecine?

— Ah! non!

Danry venait de lancer cette exclamation avec une telle violence, que Saint-Marc eut un froncement de sourcils involontaire. Il regarda Danry en face. Il y eut un moment de gêne. Ce fut le policier qui rompit le silence.

— Eh bien, je vous quitte, je passe au Châtelet. Voulez-vous que nous soupions ensemble, tout à l'heure?

— Volontiers, répondit machinalement Danry.

***

— Il est brave homme, ton compagnon, dit Binguet à Danry, quand celui-ci rentra rue du Coq, peu après minuit.

— Oui, je viens de souper avec lui près du Pont-Neuf.

— Où l'as-tu connu?

— Oh! toujours en raison de cette fameuse histoire de poison. C'est un exempt de police.

— Un exempt de police? hurla Binguet en frappant sur la table. Tu lui as parlé de l'affaire?

Danry ne répondit pas. Il s'attendait un peu à cette scène. Il se sentait assez mal à l'aise.

— Qu'est-ce qu'il t'a dit?

— Rien, rien de bien nouveau. Il m'a dit que la Pompadour avait de la reconnaissance pour moi.

— Pourquoi est-il venu?

— Il m'a fait écrire ce que j'avais vu aux Tuileries avant-hier. Il espère découvrir le coupable.

— Je n'aime pas beaucoup la fréquentation de ces oiseaux-là, dit Binguet fort exaspéré.

— Oh! tu sais, on peut avoir confiance. Il n'a pas l'air très fort.

— Eh bien! dis-lui donc tout si tu as confiance, lança Binguet, parcourant la chambre avec agitation. Dis-lui donc que tu as été chassé de l'armée de Flandre parce que tu n'étais bon à rien, que ton vrai nom est Latude, que tu crèves la faim, que pour avoir une pension tu as acheté trois fioles de verre chez un marchand du Palais-Royal. Dis-lui donc que c'est moi qui les ai remplies d'eau de chicorée et calées dans une boîte avec de la poudre d'alun; que nous avons porté le paquet ensemble à la poste de la rue Saint-Honoré pour aller le lendemain recueillir à Versailles le fruit de notre révélation!

*
**

A minuit passé, Saint-Marc franchit au galop de son cheval la grille de la cour de marbre. Il se fit annoncer au médecin du roi. Quesnay l'attendait.

— Eh bien! demanda-t-il.

— Je l'ai, cela n'a pas été long. Un déjeuner pour les aveux, un dîner pour la signature. Je suis sûr que c'est lui.

— Faites voir, demanda Quesnay.

Saint-Marc tendit au praticien la déclaration de Danry. Sur la table était le fameux coffret, l'étiquette et l'épître qui l'enveloppaient. On compara les écritures. C'était bien les mêmes *o* très fermés, le *t* penché, la séparation des lettres que la contrefaçon de l'écriture du coffret n'arrivait pas à dissimuler.

— Pincé! Bien joué, monsieur l'exempt!

— C'était très facile, ricana Saint-Marc. Son meilleur ami est un apothicaire : on avait tout sous la main...

L'exempt de police montrait une joie d'enfant. Le médecin rayonnait. Tous deux se précipitèrent dans les appartements et demandèrent à être introduits près du roi. Louis XV et d'Argenson, son premier ministre, se tenaient chez la marquise. Elle était effondrée dans son fauteuil, persuadée qu'elle venait d'être victime d'un odieux complot. Cet abattement avait parfois fait place à des mouvements de colère irraisonnée. La favorite parlait de vengeance terrible, de représailles dont on se souviendrait. Et puis, venait la crainte de ne pas échapper à un nouvel empoisonnement.

Louis XV marchait dans la pièce, ne sachant que dire ni que faire. D'Argenson était impassible.

L'arrivée du docteur et de Saint-Marc fut accueillie par les trois personnages avec la même anxiété.

— Eh bien? Messieurs, dit le roi.

— Sire, répondit Quesnay, je suis heureux de vous annoncer que nous tenons le coupable, que Madame la marquise n'a rien à craindre, qu'il s'agit d'une plaisanterie... d'une cynique plaisanterie, corrigea-t-il, en surprenant l'étrange regard de la Pompadour.

— L'écriture du dénonciateur, poursuivit Saint-Marc, ressemble à s'y méprendre à celle du coffret. Que Votre Majesté daigne le constater Elle-même.

Et il posa sur la table les pièces à conviction.

Louis XV, confiant, sans même regarder les papiers, soupira longuement, comme soulagé. D'Argenson ne put réprimer un éclat de rire strident. Mais la marquise restait figée : une colère indicible se peignit sur son visage, la défigura.

— Vous trouvez cela drôle! s'écria-t-elle. Vous parliez de plaisanterie, monsieur Quesnay. Ces plaisanteries-là se paient et se paient cher.

Et, sans un mot de plus, elle se leva, et pénétra dans sa chambre dont elle claqua la porte avec fracas.

Tous baissèrent le nez. Puis le roi huma une prise, parut hésiter et se dirigea enfin vers la porte qui venait de se refermer bruyamment sur la favorite. Il frappa. On ouvrit.

III

Dans un carrosse aux rideaux tirés, le chirurgien et le jeune apothicaire franchissaient le lendemain le pont-levis de la Bastille. Saint-Marc avait tenu à les y conduire lui-même. Accompagné d'un exempt de robe courte et de quatre sergents, il avait fort courtoisement été saisir nos bonshommes à leur coucher. Binguet ne semblait guère surpris. Depuis la veille, il attendait la lettre de cachet, avec tout le cérémonial d'usage. Latude, plus impressionnable, était comme atterré. Il pensait rêver en entendant le fracas du pont-levis qu'on abaissait, le coup de cloche annonçant leur arrivée. Mais il voulait encore ignorer le sort qu'on lui réservait. Sans doute, il savait bien maintenant que l'heure de la reconnaissance de la Pompadour ne viendrait plus. Mais à la rapidité du trajet — une demi-lieue à peine séparait son logis de la rue du Coq de la Bastille — il ne comprenait pas encore quelle forteresse l'abritait; car, certes, se disait-il, on ne nous fait pas les honneurs de la Bastille, prison d'Etat, réservée aux gens de qualité.

Le lourd carrosse s'arrêta; l'exempt de police ouvrit la portière, les voyageurs descendirent.

— Suivez-moi, dit Saint-Marc.

Ils passèrent sous une large voûte, montèrent un escalier à vis. Au second palier, on leur ouvrit deux portes contiguës. Laissant son compagnon, Latude fut convié à passer celle de gauche.

Il était dans une vaste pièce octogonale, assez confortablement meublée : un petit lit à courtines, une large table, un fauteuil de velours d'Utrecht.

On lui retira son couteau de poche et le petit pistolet qu'il portait sur lui. Tout cela, à son plus grand étonnement, fut fait très poliment, très courtoisement. Sans se dévêtir, il s'étendit sur son lit. La nuit était avancée : elle fut courte. On était en juin. Il guetta l'aurore de sa fenêtre grillagée, espérant enfin par le

— *Suivez-moi, dit Saint-Marc.*

paysage d'alentour savoir où il était, espérant surtout ne pas voir devant lui les clochers de Saint-Paul, les toits du quartier Saint-Antoine et à ses pieds les fossés de la Bastille. Mais d'heure en heure, il en doutait. Et c'est ce décor qui lui apparut dans la brume bleue de ce matin d'été.

Un grand désespoir s'empara de lui. On entrait à la Bastille sur un caprice de la cour. Seul un nouveau caprice pouvait vous en faire sortir. Tout le monde le savait. Et les craintes des prisonniers n'étaient pas vaines.

Mme de Pompadour demeurait persuadée que Quesnay lui avait dissimulé la gravité de l'affaire, qu'il y avait des complices. Elle voulait des noms. Seul, Latude les lui pouvait dire. Elle fit choisir pour cuisiner le prisonnier un lieutenant de police dont on connaissait la fermeté et la douceur, Berryer. Celui-ci n'était pas sans s'intéresser vivement au sort de Latude, et concevait même pour lui une certaine sympathie. L'originalité de la tentative de notre chirurgien, l'audace spirituelle dont il avait fait preuve piquaient la curiosité bienveillante du policier. Il chercha à prendre son prisonnier par la douceur, à le faire entrer simplement dans la voie des aveux. On ne traita pas moins bien Danry qu'un détenu de marque, qu'un duc de Lauzun ou qu'un Masque de fer. On fut même aux petits soins pour lui. Il vécut comme un coq en pâte. A la différence du commun des embastillés, il eut un porte-clefs attaché à sa personne. On le consultait pour ses menus : un hors-d'œuvre, un poisson, un entremets, un rôt constituaient son ordinaire. Jamais certes dans sa soupente de la rue du Coq, il n'avait fait pareille bombance. Il trouvait sur sa table du tabac de Virginie, envoi gracieux du gouverneur, et trompait en pétunant les heures creuses de l'après-midi. Ces prévenances, ces douceurs, il les appréciait, mais s'en étonnait.

Il avait encore en mémoire la fourberie de Saint-Marc et, dans son esprit, tous les policiers se ressemblaient : M. Berryer en était un.

Lors des fréquentes visites qu'il faisait à son prisonnier, le lieutenant de police avait amené maintes fois la conversation sur Mme de Pompadour et ses ennemis et, toujours, le visage de Latude s'était refermé. Quel usage allait-on faire de ses aveux? Quelle nouvelle prison allait s'ouvrir pour lui? Il résolut de lasser son interrogateur par les réponses les plus abracadabrantes et les plus fantaisistes. Tantôt il se disait picard, tantôt toulousain. Un jour il était parti pour l'Amérique et était revenu sur le bateau avec des conspirateurs dont il avait depuis perdu la trace. Le lendemain il était fils d'un ramoneur savoyard, victime dans son jeune âge des intrigues d'une maîtresse du régent. Une autre fois, sa mère était une blanchisseuse corse que Louis XV avait déshonorée. Et M. Berryer demeurait patient, attentif à ces fariboles, qu'il écoutait avec un demi-sourire. Mais le mur montait entre les deux hommes. Un matin, Berryer entra chez le prisonnier.

— M. le gouverneur, qui vous estime, vous prie à souper, dit-il.

— C'est un honneur pour moi, répondit Latude. Et il pensa en lui-même : « Nouvelle tactique, usons d'un nouveau moyen de défense. »

M. le gouverneur était un homme de beaucoup d'esprit et sa cave était bien garnie. Le repas fut très gai. Au Bourgogne, il crut le moment venu d'aborder avec son hôte la question brûlante et de venir en aide à M. Berryer.

— Je parlais de vous hier, à un ami de la Marquise. Elle ne vous en veut point.

Latude baissa le nez.

— Elle pense même que vous pourriez lui être d'un grand secours.

Le verre entre deux doigts, Latude continua à déguster son Meursault.

— Elle est si bonne, risqua Berryer. Et c'est la plus spirituelle des femmes. Comment peut-on être son ennemi?...

Sans s'émouvoir de ce panégyrique, Latude déchiquetait à belles dents un aileron de faisan.

La conversation tomba. Le gouverneur se mit alors à parler de l'enfance de Latude, de sa famille, de son lieu de naissance, tels du moins qu'il pouvait se les imaginer. Même mutisme lui fut opposé. Et le prisonnier quitta la table du gouverneur, bien repu, mais sans avoir proféré une parole...

IV

Cependant Mme de Pompadour passait son temps à guetter l'arrivée d'un courrier de la Bastille. Berryer lui annonçait tous les jours que le prisonnier allait bientôt entrer dans la voie des aveux; elle les trouvait bien longs à venir. L'hypothèse d'un vaste complot était devenue chez elle une idée fixe; elle ne voulait plus sortir; elle ne mangeait rien qui n'eût été auparavant goûté et analysé par le médecin Quesnay. Et Quesnay, lui aussi, en avait assez de distiller jour et nuit les boissons et les limonades de Mme de Pompadour. Souffrait-elle de la gorge? Il était appelé en hâte : il fallait un contrepoison. Avait-elle une crampe d'estomac? Un valet de chambre tout essoufflé venait le chercher : il fallait un contrepoison. En fait de contrepoison, Quesnay n'avait jamais administré que de l'eau salée à sa patiente; et cela lui donnait soif; elle voulait boire; et il fallait analyser la tisane que l'on montait en hâte des cuisines. Le médecin n'y tenait plus. Il résolut de couper le mal dans sa racine. Après une nuit où il avait été réveillé quatre fois, il se fit conduire à la Bastille. Il n'était pas fâché d'approcher de près le mystérieux prisonnier.

Comme Berryer, comme le gouverneur, il était attiré inconsciemment par l'étrangeté comique de cette nouvelle affaire des Poisons. Il resta près d'une demi-heure seul à seul avec Latude. Il ne put lui arracher un mot.

— J'aimerais mieux pendant dix ans faire moi-même la cuisine de Mme de Pompadour que de rester un instant de plus auprès de cette bûche, déclara-t-il à Berryer en partant.

De fait, quand il rentra à Versailles, il avait à faire passer le soir même dans ses cornues un bol d'eau de chiendent, du fard, et le tabac à priser de Louis XV!

Excédé, et sans allumer son fourneau, il renvoya le tout au ménage royal avec cette étiquette : « Sans danger ». « Et s'il y en a, cette fois, grinça-t-il entre ses dents, bon débarras ».

⁂

Mettons-nous à la place de Latude. Il eût fallu une patience de saint pour adopter une autre attitude. Deux fois par jour, avant le dîner et après le souper, Berryer, qui maintenant mettait cartes sur table, venait lui dire : « Latude, quels furent vos complices? — Latude, comment voulait-on empoisonner la Marquise? » Il n'avait jamais eu de complices, il n'avait jamais pensé à faire du mal à qui que ce soit.

Par ses premiers mensonges, qu'excusaient sa nervosité et son étonnement dans ses premiers moments de séjour à la Bastille, il avait embrouillé à souhait la plus simple des aventures. Il était trop tard maintenant. On voulut lui faire une dernière amabilité. On remit en liberté son ami Binguet, qui depuis quinze jours méditait dans la chambre voisine de nouvelles formules de médecines.

— Votre compagnon est parti ce matin, lui annonça un jour M. Berryer. Il ne tient qu'à vous de le rejoindre... Latude, quels sont vos complices?

Aucun résultat ne fut obtenu.

— Latude, j'ai parlé de vous au roi, surenchérit le lendemain le gouverneur, venant lui-même rendre visite à son prisonnier. Sa Majesté est persuadée que, poussé par un honorable scrupule, vous avez voulu dénoncer un infâme complot. Latude, quel poison préparait-on pour Mme de Pompadour?

Il eût été plus facile de confesser la Bastille que son prisonnier. Il fallut bien que M. le gouverneur avouât à la Cour que l'on n'obtenait rien, et c'est à lui que l'on s'en prit, naturellement.

— Changez-le de prison, s'écria la marquise. Mettez-le chez des gens moins niais!

Et Latude vit réapparaître Saint-Marc.

Il comprit tout de suite que ce n'était pas pour son bonheur. On rémonta dans le carrosse aux rideaux tirés, on roula quelque temps sur le pavé, puis sur la route. Cette fois, l'on quittait Paris. Latude le sentit avec effroi. Paris, c'était encore un peu d'espoir pour lui; c'était la proximité de Binguet et de Javotte. Où le menait-on, puisque ce n'était pas à Versailles?

Il vit se dresser devant lui, en descendant de carrosse, la masse du donjon de Vincennes.

La vie de prison n'est comparable qu'à la vie de prison. Il vécut à Vincennes comme il avait vécu à la Bastille. La chambre n'était plus octogonale, mais carrée; à la place d'un fauteuil d'Utrecht, il avait une chaise cannée; les courtines du lit étaient vertes au lieu d'être rouges. C'était toute la différence... en apparence. Car bientôt, Latude comprit qu'il n'était plus intéressant. On n'avait plus rien à tirer de lui. On l'oubliait. Où était le temps des repas chez M. le gouverneur, les visites de Berryer et du médecin de la cour, le tabac de Virginie et les prévenances! A la Bastille, il était prisonnier d'Etat, un de ces prisonniers qui le lendemain deviennent hommes influents. A Vincennes il était un prisonnier tout court, c'est-à-dire un malfaiteur.

Le seul adoucissement qu'il avait obtenu était de se promener deux heures dans le jardin au nord de la tour. Il l'arpentait de long en large et roulait dans sa tête des pensées plus calmes. Il songea à apitoyer ses gardiens par un mal de tête qui, disait-il, était la cause de son chagrin. On le traita comme s'il eût souffert du cœur ou du genou : on lui fit une saignée, puisqu'on ne savait faire que cela; elle eut le don de l'affaiblir extrêmement.

L'automne s'achevait. La campagne alentour était triste. De sa fenêtre, il voyait Paris et ce n'était pas pour lui donner du baume au cœur. Plus un rayon de soleil ne pénétrait dans sa chambre. Le désespoir entraîna chez lui la soumission. Il écrivit à Mme de Pompadour :

« Madame, Dieu vous a donné pouvoir au-
« près du plus grand roi de la terre, auprès
« du plus chrétien. Si sa divine puissance me
« faisait la grâce d'obtenir de votre générosité
« la liberté, je mourrais et me nourrirais de ra-
« cines plutôt que de vous offenser une se-
« conde fois. Je l'ai fait, pressé par la misère
« et la faim et je n'avais dessein de vous faire
« aucun mal, Dieu m'est témoin. Si vous con-
« naissiez le repentir de mon âme, si vous
« voyiez les larmes que je répands depuis cent
« quatre-vingts jours à la vue des grilles de
« fer qui m'entourent, vous auriez pitié de moi.
« Madame, au nom de Dieu qui vous éclaire,
« que votre juste courroux daigne s'apaiser sur
« mon repentir, sur ma misère, sur mes pleurs.
« Un jour, Dieu vous récompensera de votre

« humanité. J'espère en vous, Madame, et « en Lui. »

Sa main tremblait en traçant ces mots. Il les relut trois fois, puis il cacheta avec fièvre, et malgré lui, d'un geste prompt, porta le papier à ses lèvres. Elle allait le tenir le soir même entre ses mains, celle qu'il avait en vain tenté d'approcher et qui causait tout son malheur.

Cette seule émotion l'envahit. Il en oublia le but de son épître, qui, d'une supplique de prisonnier, devenait pour lui une lettre d'aveu. Il se prit, pour la première fois, à comprendre qu'en envoyant le tragique paquet à Versailles, il n'avait peut-être pas agi simplement par ambition, mais hanté par le sourire de la divine marquise, qu'il avait entrevu un jour, de très loin, à travers les glaces d'un carrosse et que depuis, sans s'en douter, il n'avait jamais oublié.

V

Il avait malheureusement beaucoup trop parlé de Dieu et de roi chrétien dans cette lettre. Le scandale de la maîtresse en titre avait déchaîné le courroux du clergé de France et des Jésuites, que la marquise avait fait exiler par vengeance. Elle reçut la lettre comme une mauvaise plaisanterie. Elle parlait tout simplement de faire jeter Latude au cachot, si Quesnay, prévoyant de nouvelles nervosités et de nouvelles limonades à analyser, ne lui avait affirmé que Latude était fou, qu'il s'en était rendu compte par lui-même.

Les jours passèrent, mornes, à Vincennes. Latude attendait en vain la réponse de la marquise. Il s'en voulut de son attendrissement qui, comme il est normal, fit place à de la haine.

Une idée germa dans son cerveau, l'idée chère à tout prisonnier, l'évasion. Il n'y avait encore jamais songé, il s'en étonna lui-même. Mais jusqu'à ce jour il avait espéré sortir par la grande porte, sa grâce en poche. Il comprit qu'il lui faudrait sauter le mur et vivre en paria.

Au pied de la tour, sous ses fenêtres, était le jardin d'un brave jésuite, prisonnier au château, victime lui aussi de Mme de Pompadour. Pour occuper ses loisirs, celui-ci faisait le catéchisme aux deux fils du gouverneur, M. de Saint-Sauveur. Chaque jour, au début de l'après-midi, et sans un instant de retard, il traversait la grande cour pour se rendre chez ses élèves. Latude, de sa fenêtre, avait observé ce manège; son plan était fait.

Lorsque l'heure de la promenade arrivait, le porte-clefs du premier étage venait chercher Latude dans sa chambre, et, par un étroit escalier de service, le conduisait jusqu'à la cour : Latude prit peu à peu l'habitude de devancer son geôlier et de descendre plus vite que lui. Chaque jour il augmentait de vitesse. Chaque jour il gagnait une marche. Puis, quand il se sentit bien sûr de lui, il mit son idée à exécution. Il dévala quatre à quatre les marches et referma la porte du bas de l'escalier au nez du porte-clefs.

Il avait un bon quart d'heure devant lui avant que ce dernier n'ait le temps de remonter dans la tour et de trouver une nouvelle issue pour donner l'alarme.

Il se dirigea donc tout droit et le plus naturellement du monde jusqu'à la porte de l'abbé qui était de plain-pied sur la cour. Il donna un tour de clef, emprisonnant comme dans une souricière le vénérable jésuite, qui se préparait à se rendre chez M. de Saint-Sauveur.

Il attendit quelques instants, puis appela la sentinelle la plus proche.

— Morbleu! Monsieur le gouverneur cherche l'abbé! Avez-vous vu passer l'abbé? Il n'est pas chez lui.

Puis, traversant la cour et adressant la même demande à toutes les sentinelles, il gagna la porte de l'horloge.

Paraissant plus affairé, il accosta le portier :

— Monsieur le gouverneur demande l'abbé! Les fils de monsieur le gouverneur attendent! Avez-vous vu l'abbé?

Le portier, qui n'avait pas vu l'abbé — et pour cause — partit à sa recherche.

Latude gagna le pont-levis et tomba affolé au milieu du corps de garde en vociférant :

— L'abbé serait-il parti ? Il faut trouver l'abbé ! Ordre du gouverneur.

Et pendant que les soldats s'éparpillaient à droite et à gauche à la recherche de l'abbé, il traversa tout doucement le pont-levis et passa les deux mains dans ses poches devant le dernier factionnaire, sans que celui-ci le soupçonnât seulement d'être prisonnier.

Dès qu'il fut hors de vue, il prit ses jambes à son cou et galopa jusqu'aux environs de Saint-Denis. Il tomba de fatigue dans un fourré. C'est au milieu de la nuit qu'il passa, harassé, sous la porte Saint-Denis.

En revoyant les quartiers, connus et aimés, témoins de ses fêtes et de ses folies, il comprit pour la première fois qu'il était libre. Il ne sentait plus sa lassitude, il marchait inconsciemment, en chantant, et tout à coup, il s'aperçut que la force de l'habitude l'avait conduit au quartier Saint-Antoine.

Alors il pensa à Binguet, et puis à toute sa vie passée. Son premier mouvement fut pour courir chez son ami. Il s'arrêta au bout de trois pas. La réalité venait d'apparaître à ses yeux, les premiers moments de joie une fois passés.

—Libre, moi. Allons donc! se dit-il. Si je reste une heure de plus sur le pavé de Paris, mon sort est net et, rue du Coq, je serai cueilli bien vite.

Et alors, c'est à la bonne petite lingère de la rue Saint-Martin qu'il pensa.

Il avait été plus d'une fois ingrat pour elle; mais dans ses heures de prison, il avait senti combien il l'aimait. Qu'était-elle devenue, sans nouvelles de lui depuis deux ans? Car les lettres adressées à Annette Groslier, lingère, rue Saint-Martin, n'étaient pas acceptées des geôliers avec la même grâce que celles où s'inscrivait le nom de Mme la Marquise de Pompadour, à Versailles.

Il était près de minuit quand il frappa à la petite échoppe.

Il y avait encore de la lumière derrière les volets et une voix qu'il ne reconnaissait que trop demanda :

— C'est toi, sergent?

Evidemment... il y avait dans la capitale les sergents du roi, les sergents des gardes françaises, les sergents du Royal-Condé, sans compter les affreux sergents du guet, qui remplaçaient avantageusement auprès d'une jolie fille un malheureux embastillé. Il comprit tout, il voulait partir, mais déjà le volet s'entr'ouvrait. La tête souriante d'Annette parut; la jolie lingère, en n'apercevant pas l'uniforme, eut un mouvement brusque, un geste de recul, et puis poussa un grand cri. Elle venait de reconnaître son ancien amant.

— Toi! Toi!

— Oui, faute de sergent, dit Latude, plus peiné que sarcastique, et surtout profondément ému de revoir Annette.

— Mais d'où viens-tu? Où étais-tu? On t'a cru mort...

— Je l'étais presque.

— Entre...

Déjà elle entr'ouvrait sa porte. Mais Latude qui franchissait la marche sentit une main qui se posait violemment sur son épaule.

— Eh! là, monsieur, que faites-vous ici?

Annette, effarée, ramenait sur sa gorge une camisole trop entr'ouverte et tremblait de tous ses membres :

— Entre, entre, eut-elle la force de crier à Latude.

Il avait déjà un pied dans l'antichambre.

Latude sentit une main qui se posait violemment sur son épaule.

Elle l'attira à elle et repoussa le volet sur le bras du nouvel arrivé. Les coups redoublés lancés dans la porte ne purent faire céder le solide verrou poussé en hâte par la lingère.

— Laisse-le crier, dit-elle. Nous sommes bien chez nous.

— Qui était-ce? voulut savoir Latude.

— Bah! tu le sais, un sergent.

— Un sergent?

— Oui, du guet.

Cette réponse fit sur Latude l'effet d'un coup de poignard. Il avait trop de relations dans ce milieu-là pour douter désormais de son sort. Et, cependant, fuir de chez Annette, c'était se perdre. C'était bien cruel pour la pauvre fille qui venait de se sacrifier pour lui, et enfin, tout son désir était là... auprès de celle qu'il avait aimée follement et pour qui il sentait renaître tout son vieil amour.

⁂

En se réveillant le lendemain, tard, il eut devant les yeux un décor connu; il crut que son rêve continuait. Mais non, c'était bien la petite chambre aux tentures roses, la petite bonnetière à haute corniche entre les deux portes, et auprès de lui, dormant encore, la blonde Annette. Il la prit dans ses bras, ardemment. Les souvenirs de la veille n'étaient pas nets encore. Mais quand ils se précisèrent, ce ne fut pas pour augmenter la béatitude du prisonnier. Cependant la matinée se passa, assez calme. Il évita de sortir. Annette, mise au courant de ses malheurs, faisait le guet dans sa boutique. C'est au milieu de l'après-midi seulement que l'inévitable se produisit. Le sergent du guet venait faire la scène habituelle. Forçant les portes, il fouilla l'arrière-boutique, et en ouvrant le placard de l'alcôve, il découvrit ce qu'il cherchait.

— Latude!

— Pinson!

Sous les yeux d'Annette atterrée, les deux hommes se reconnaissaient. Le sergent Pinson, du corps de garde de la Bastille, eut la chance ce jour-là de toucher les huit cents écus promis par M. le lieutenant de police en ramenant Latude à M. le gouverneur.

VI

On commençait à en avoir assez des fantaisies du détenu. Quand on s'évade d'une chambre de prison où l'on a un lit et un bon fauteuil, et qu'on a le malheur d'être retrouvé, c'est sur la planche d'un cachot qu'on finit ses jours.

Latude fut jeté pieds et poings liés dans un sous-sol de la Bastille, large de douze pieds, long de vingt; le jour y parvenait à peine à travers les grilles d'un soupirail qui donnait sur les fossés. Il connut pour la première fois le froid, les nuits sans sommeil, les repas au pain et à l'eau, la compagnie des rats. Il se maudit d'avoir quitté ce bon donjon de Vincennes, qu'il aurait accepté maintenant comme un palais. Heureusement son séjour peu enviable fut de courte durée. La Seine montait, envahissant peu à peu par infiltration les douves de la forteresse. L'humidité gagnait les cachots. Sans doute eût-on laissé un malheureux anonyme se rafraîchir quelque temps, mais M. Berryer était encore là. La bonté de cet homme intègre se manifesta une fois de plus. Il fit chercher Latude et l'installa dans un réduit peu comparable à la chambre octogonale qu'avait occupée en premier notre abonné de la Bastille, mais qui avait l'avantage inappréciable d'être sèche et claire.

Un autre prisonnier logeait déjà dans un coin de cette geôle. C'était un petit homme maigre, aux traits étirés par les souffrances, à la figure chafouine, à la bouche mordante. Pendant toute une journée, il regarda Latude de travers et Latude, gêné par ce regard, se mit à la fenêtre. Il n'y resta pas longtemps. Il venait de revoir dans la cour, faisant les cent pas, la silhouette de M. de Saint-Marc. Cet homme était apparu deux fois déjà dans sa vie, et pour son plus grand malheur. Sa présence causa à Latude un malaise indéfinissable. Se retournait-il vers la porte du couloir, il voyait par le judas les deux sentinelles faisant le guet.

Le matin et le soir on lui passait son pain et sa cruche par le guichet. Il ne pouvait avoir d'espoir qu'en son compagnon et c'est lui le premier qui rompit le silence.

— Vous êtes à la Bastille depuis longtemps?

— Depuis deux ans.

— Comme moi, fit Latude, sincère.

L'autre ne s'étonna pas de cette réponse; on pouvait rester vingt ans côte à côte à la Bastille sans s'être jamais vus.

— Vous êtes prisonnier d'Etat? poursuivit Latude.

— Oui... et non.

— Comme moi. Un attentat?

— Un attentat contre Mme de Pompadour, fit l'autre en ricanant.

Latude eut un sursaut; ce nom que son compagnon venait de prononcer avait soudainement réveillé en lui tant de sentiments divers!

— Un attentat contre Mme de Pompadour, répéta-t-il, sincèrement joyeux. Comme moi!

Les deux hommes en avaient trop dit pour se cacher quoi que ce fût. Leur nuit se passa en confidences. Latude apprit que son compagnon d'infortune qui, depuis 1750, macérait en Bastille, s'appelait Antoine d'Alègre et était marseillais d'origine.

— J'y tenais une petite pension, dit-il, que mon père m'avait laissée. J'étais un peu coureur de filles...

— Comme moi, continuait à dire de temps en temps Latude.

— Ma réputation en souffrit; on me donna de moins en moins d'élèves. Je n'eus bientôt plus de quoi vivre, Et j'eus un jour l'idée diabolique d'écrire à Mme la marquise de Pompadour, pour lui révéler un complot imaginaire, où j'avais mêlé les plus grands noms de France.

C'en était trop; la similitude des agissements des deux prisonniers, qui tenait du merveilleux, faisait disparaître toute défiance entre eux; et pendant deux jours ce fut un beau duo de litanies de Mme de Pompadour, de M. de Saint-Marc, du ministre d'Aiguillon. La vie leur fut plus douce en commun et ils prirent un peu le temps en patience, d'autant plus que la bienveillance de M. Berryer avait quelque peu relevé l'ordinaire des détenus.

Un beau matin, d'Alègre dit à Latude :

— Et si nous partions?

— Comment, reprit l'autre. Par la grande porte? En carrosse du roi avec M. de Saint-Marc comme laquais?

— Je suis sérieux, insista d'Alègre. Si nous partions?

— Et avec quoi? On ne nous laisse même pas un couteau... Par où? Regardez les portes, regardez la fenêtre... Il y a deux cents pieds à pic... pour tomber dans l'eau du fossé. Et si l'on s'en tire, et si l'on sait nager, il faut remonter le parapet sous le nez des sentinelles, traverser le jardin du gouverneur et se livrer encore à quelques gymnastiques pour atteindre le fossé Saint-Antoine, en prenant au plus court.

— Bah! on a fait mieux! se contenta de dire d'Alègre.

***

M. Berryer avait permis aux deux prisonniers de se rendre le dimanche à la messe que l'on disait dans la chapelle de la forteresse. Elle était bien curieuse, cette chapelle. Les détenus y étaient installés dans de petites cases, comme dans une étable. Dans la loge voisine de la leur était un prisonnier âgé. Une grande douceur émanait de sa personne. Il occupait une chambre au-dessous de celle de nos prisonniers, qui le prenaient au passage en descendant à la chapelle, flanqués de deux porte-clefs. D'Alègre fut assez adroit, un jour de Toussaint, pour se pencher au moment de l'élévation vers l'inconnu, et faisant semblant de prier, lui murmura :

— Je serais heureux de voir votre chambre. Laissez la porte ouverte dimanche prochain.

Le prisonnier parut ne pas entendre. Mais le dimanche suivant en remontant l'escalier au retour de l'office, avant d'atteindre sa chambre il sortit son mouchoir et lâcha sa tabatière, qui rebondit de marches en marches. Le porte-clefs qui suivait descendit un peu pour la ramasser, et cet instant suffit à d'Alègre pour monter en deux bonds au premier étage et jeter un coup d'œil dans la chambre du prisonnier qui s'était fait son complice.

Rentré chez lui avec son compagnon, d'Alègre se livra à de savants calculs.

— Que diable complotez-vous? interrompit Latude.

— C'est bien simple. Le plafond de la chambre de ce brave homme au-dessous de nous n'est pas à dix pieds de son plancher. Quinze marches d'escalier nous séparent, cependant. Cela fait treize pieds, si je ne m'abuse. Nous sommes sauvés, Latude! Le plancher est double. Il y a un tambour entre le premier étage et le nôtre...

Sans même prêter attention à ces calculs, Latude répondit :

— Et quand il y aurait tous les tambours des gardes françaises? A quoi voulezvous que cela nous serve?

— Il me semble cependant qu'entre deux planchers on peut cacher des cordes et des échelles...

Latude comprit tout. Il ne ménagea pas à d'Alègre l'admiration qu'il lui témoignait et cependant il dit :

— Mais pour pouvoir cacher des cordes, il faut en avoir?

— Evidemment, j'y pensais. Nous ne sommes pas encore rue du Faubourg-Saint-Antoine!

Et l'on abandonna pour ce jour-là les beaux projets d'évasion.

Mais l'idée était lancée. Et c'est Latude maintenant qui s'y attachait avec le plus de ténacité. Il passait ses journées à tourner en rond dans la pièce, roulant dans sa tête les pensers les plus saugrenus comme les plus hardis. D'Alègre en était lassé.

— Vous me bénirez bientôt, fit Latude. Je crois avoir trouvé. Vous voyez cette malle, dit-il, en désignant le coffre qui renfermait son linge, à la tête de son lit. Il y a mille pieds de corde dedans.

D'Alègre regarda avec inquiétude son compagnon.

— Vous me croyez fou?

— Mon Dieu, on le croirait à moins...

— Je vous le dis : dans cette malle, il y a douze douzaines de chemises, six douzaines de bas de soie, douze douzaines de paires de chaussettes de fil, cinq douzaines de caleçons, six douzaines de serviettes. En effilochant tout cela nous aurons un beau jour une corde pour descendre des tours de Notre-Dame.

— Fort bien, approuva d'Alègre, un peu vexé de n'avoir pas trouvé cela tout seul. Mais ces cordes, qu'en ferons-nous, Vous ne songez pas à desceller les barreaux de la fenêtre? Avec quoi d'ailleurs? Et puis M. de Saint-

Marc qui tourne en rond dans la cour s'en apercevrait peut-être.

— Mon cher ami, nous ne descellerons pas les barreaux de la fenêtre, mais ceux qui obstruent notre cheminée. Avec quoi? Avec nos mains, la main est l'instrument de tous les instruments. Les hommes qui savent faire travailler leur tête sont maîtres des éléments. Vous voyez ces deux fiches de fer qui soutiennent notre table pliante, nous les taillerons en biseau en les repassant sur le carreau de notre chambre, et avec elles...

— Chut, fit d'Alègre.

Des cles grinçaient dans la serrure. Saint-Marc venait comme tous les soirs fouiller les prisonniers. Il leur trouva l'air extrêmement abattu. Il sortit avec un petit sourire moqueur.

A peine avait-il le dos tourné que les prisonniers renversèrent la table pliante et arrachèrent une première fiche, avec laquelle ils levèrent un des carreaux du sol. Le vide qui séparait leurs planchers leur apparut; désormais ils avaient une cachette. Ils se mirent alors à leur nouveau métier de remouleurs; mais aiguiser un morceau de fer brut sur un fragment de dallage sans produire un grincement n'est pas chose facile. Ils s'y employèrent toute la nuit, interrompus par l'arrivée de leur souper et le passage de la ronde. A l'aide de leurs ciseaux improvisés, ils commencèrent à desceller les épaisses barres de fer octogonales qui tendaient leur treillis au-dessus de la plaque de cheminée fleurdelisée.

Cela dura un bon mois. Et quels dangers de tous les instants couraient les malheureux! A chaque ronde, à chaque tournée de sentinelles, il leur fallait précipitamment tout remettre en place dans la cachette de fortune. Plus d'une fois, ils faillirent être surpris.

— Pour Dieu, dit d'Alègre, si nous sommes pris, non seulement on ne nous consolera pas, mais nous redescendrons dans les caves.

Enfin les barreaux une fois descellés et remis en place, il fallut songer aux cordes. Une à une dès lors ils effilochèrent leurs chemises, leurs serviettes, leurs paires de bas. Les pelotons obtenus s'amoncelèrent dans la cachette. Quand ils en eurent une vingtaine, en une nuit, ils tressèrent une corde de dix pieds de long, la plus soyeuse et la plus solide qu'on eût jamais vue.

— Voilà qui me permettra de vous hisser

dans la cheminée, quand j'y serai monté moi-même, déclara Latude. Nos deux chandeliers de fer me serviront de crampons de ramoneur.

— Première opération, dit d'Alègre. Ensuite?

— Nous serons sur la plate-forme. Il nous faudra redescendre le long de la muraille, de toute la hauteur de la forteresse.

— Nous n'aurons pas trop de deux cents pieds de long, objecta d'Alègre. Et vous savez que tout autour de la Bastille il y a un entablement qui déborde. Si nous nous lançons de là, le long de notre fil, comme des araignées, nous flotterons à droite et à gauche et je ne réponds pas de ma tête.

— C'est bien mon avis, dit Latude. Aussi ai-je envisagé la possibilité de fabriquer une échelle.

— Une échelle. s'écria d'Alègre. Et pourquoi pas un escalier? Cher compagnon, le désir de quitter la Bastille vous fait perdre la tête. On fabrique des cordes, en prison, et des outils, Mais une échelle de deux cents pieds de haut...

— On fabrique une échelle si l'on veut, trancha Latude.

On était en plein hiver; le froid était rigoureux et M. Berryer avait donné l'ordre de ne pas faire geler les prisonniers. Trois fois par jour, un porte-clefs leur apportait un panier de bûches. Il entra justement pour interrompre la discussion des deux hommes et déposa son fardeau au coin de la cheminée.

— Voici les vingt premiers échelons qu'on nous apporte, dit Latude, lorsque le geôlier fut parti. Une échelle se fait avec du bois, mon cher, il me semble. A l'aide de mon pied de table-ciseau, je me fais fort d'équarrir la moitié des rondins dont on nous fait don chaque jour.

Le froid était tel alors que les geôliers ne s'étonnèrent pas, pendant la semaine qui suivit, de ce que tant de bois apporté produisît si peu de chaleur. Et cependant que les prisonniers claquaient des dents, les premiers mètres de l'échelle s'entassaient dans la cachette du plancher. Au fur et à mesure qu'ils étaient prêts, Latude les attachait par chacune de leurs extrémités, et à distances égales, à deux nouvelles cordes qu'avaient produit les derniers caleçons et les dernières chemises.

Les jours passèrent et avec eux l'angoisse augmenta. Angoisse de sentir l'approche du grand jour et de s'exposer au dernier moment à des risques sans cesse croissants, eux aussi, tant étaient maintenant nombreux et variés les instruments qu'on glissait en hâte sous le plancher. Pour plus de facilité, les prisonniers leur avaient donné des noms : le ciseau était *finette*; la corde *polyphème*, les barres de fer, *colombe;* l'échelle, *Vénus*. Et si l'on entrait par hasard chez eux, le premier alerté disait à l'autre : « Vénus, colombe... » et l'objet révélateur était aussitôt dissimulé sous un mouchoir ou une serviette. Une fois même, d'Alègre dut s'asseoir précipitamment sur finette et s'en repentit pendant plusieurs jours...

Cette existence ne pouvait durer. Presque tout était prêt. D'ailleurs, eût-il manqué quelque chose, nos hommes seraient partis quand même. Prévoyant le séjour dans l'eau des fossés, ils empilèrent dans un de leurs porte-manteaux, soigneusement entourés de leurs robes de chambre, des vêtements de rechange; et ils fixèrent leur envol à la nuit du mardi gras.

VII

Tout le jour, ils firent preuve d'une docilité parfaite, se laissèrent fouiller par M. de Saint-Marc et parurent plus abattus que de coutume. Et puis, dès qu'on leur eut servi le souper, ils sortirent toute leur artillerie. Ils avaient deux heures jusqu'au passage de la ronde de nuit. Ils roulèrent comme un serpent l'échelle de corde et de rondins, que Latude attacha sur les épaules de d'Alègre. Ils bourrèrent leurs poches des pelotons de leur corde; en un instant les barreaux de la cheminée descellés cédèrent. Ce n'était que la partie la plus aisée de la besogne.

— Je grimpe, dit Latude, en plantant dans le mur de la cheminée les pointes des chandeliers dont il avait dévissé les bobèches. Et malgré un rhumatisme qu'il avait ce soir-là dans le bras gauche, s'arc-boutant des coudes et des genoux dans la gaine de la cheminée, aveuglé par la poussière et la suie, il monta sur ses échelons improvisés qu'il déplaçait au fur et à mesure de son ascension. A mi-hauteur, il avait déjà bras et jambes écorchés. Le sang lui coulait le long des mains et sur ses bras. Quand il parvint en haut, il fallut toute la froideur de cette nuit de mars et tout son désir de fuir coûte que coûte pour lui rendre de l'énergie.

Il jeta une première fois une corde dans la cheminée, à laquelle d'Alègre fixa l'échelle et le porte-manteau. Puis après l'ascension des bagages, il se hissa lui-même le long du fil de soie, laissant vide la chambre de la Bastille, qu'il habitait depuis six ans.

Les deux hommes longèrent la plate-forme jusqu'à la tour Nord où s'alignaient les canons, ces mêmes canons que cent ans plus tôt la grande Mademoiselle faisait braquer sur l'armée du roi. Autour de l'un d'eux, ils attachèrent l'extrémité de leur échelle, qu'ils déroulèrent jusqu'au bout du parapet et lâchèrent dans le vide. Avec une joie ineffable, ils sentirent aux oscillations que l'extrémité touchait le pied de la tour. Ils avaient bien calculé la hauteur. Ils eurent confiance en eux.

Il fallait maintenant attendre les nuages, car la nuit, hélas, était devenue claire; les sentinelles tournaient sur le parapet. La lune se voila enfin. Latude, le premier, saisit l'échelle.

— A la grâce de Dieu! dit-il, et il disparut dans le gouffre.

— Latude, Latude! cria d'Alègre, angoissé, à ce moment qui pouvait être décisif. Le poids du corps du prisonnier sur cette échelle fragile et haute de 200 pieds provoqua un balancement atroce. Latude volait dans le vide, était projeté contre le mur, qui le renvoyait à vingt pieds de lui. Fermant les yeux, serrant les dents, il descendait toujours, comme un automate. Ces minutes lui parurent un siècle. Comme un homme qui va mourir, il revit, l'espace d'un éclair, tout son passé, tous ses souvenirs. Et puis, soudain, son pied ne rencontra plus d'échelon. Il sentit sa jambe se glacer. Il était au bout de sa course, dans l'eau du fossé. Il s'y abattit comme une masse, harassé, ensanglanté. Une brûlure dans la gorge le réveilla : d'Alègre, descendu en hâte à sa suite, le forçait à boire une gorgée d'eau-de-vie dont il avait eu le soin d'emporter une gourde.

— Allons! qu'est-ce qui vous prend, en

voilà des façons de me laisser seul pour descendre le porte-manteau! Nous sommes au milieu de nos peines. Du courage encore! dit d'Alègre en vidant la bouteille.

Ils marchèrent péniblement dans le fossé. L'eau qui leur venait presque à la ceinture eut tôt fait d'achever de réveiller tout à fait Latude. De la glace les entourait. Trois jours avant, le fossé avait été complètement pris. Ils gagnèrent le parapet le long du jardin du gouverneur et se préparaient à l'escalader. Tout à coup, Latude s'écria :

— Chut, cache-toi!

— Et où me cacher? fit d'Alègre.

— Dans l'eau!

Ils s'accroupirent dans l'eau glacée. Des pas se firent entendre sur le parapet. C'était la garde qui faisait sa ronde. Lentement, elle contourna la tour, relevant au passage les sentinelles.

— Allons-y maintenant! dit d'Alègre, lorsque le dernier soldat fut hors de vue. Et ils commencèrent leur escalade.

Ils étaient à cinq pieds au-dessus de l'eau, lorsque d'Alègre, alerté le premier cette fois, imposa silence à Latude.

— *Et où me cacher? fit d'Alègre.*

— Cache-toi!

Comme deux masses, ils se laissèrent retomber dans leur bain. La garde repassa.

— Est-ce qu'ils vont continuer ce manège longtemps? souffla Latude.

— Je le crois, reprit l'autre. Nous n'avions pas pensé à tout, mon pauvre ami! Trois rondes tournent pendant la nuit autour de la Bastille. Il est inutile d'insister.

— Mais alors?

— Il n'y a qu'à gagner en pataugeant le point le plus proche du faubourg Saint-Antoine. Rien à faire pour sortir par le jardin du gouverneur.

— Mais à quoi cela nous avancera-t-il?

— Suivez-moi et ayez confiance, que diable!

Latude suivit, prêt à tout. Quand ils furent à l'endroit indiqué par d'Alègre, celui-ci sortit de l'eau le porte-manteau, qu'il n'avait cessé de traîner derrière lui et le cala sur une petite berge au pied du parapet.

— Heureusement que j'ai pensé à emporter finette! — Et il sortit le fameux ciseau, jadis pied de table —. Ce parapet n'est qu'un mur, de trois pieds d'épaisseur au plus. Derrière, c'est le fossé Saint-Antoine, c'est Paris. Les pluies, les crues de la Seine ont sans doute altéré ce mauvais ciment qui date de Philippe-Auguste. Allons-y!

Et il se mit à desceller les pierres, se relayant avec son compagnon. Au milieu de la nuit, un large trou perçait le mur.

— Un dernier effort, Latude!

Un grand coup de ciseau ébranla un bloc de maçonnerie, qui roula non sans fracas de l'autre côté de la muraille.

— Enfin!

La trouée rêvée était pratiquée. Ils attendirent quelque temps, collés au parapet, de peur d'avoir ameuté les sentinelles. Crainte vaine. Le silence régnait autour d'eux.

— Il était temps! La lune se dégage. Le mois de mars allait nous jouer ce tour. On va voir clair comme en plein jour... Presse-toi!

On fit les honneurs du passage au portemanteau; et puis Latude s'y glissa; enfin d'Alègre. Et ils tombèrent dans les bras l'un de l'autre, pleurant malgré eux, émus au delà de toute expression.

***

— Eloignons-nous de notre trouée, c'est peut-être prudent! dit d'Alègre, se dégageant le premier de cette étreinte. D'ailleurs, c'est le moment d'utiliser nos vêtements. Tout mon pourpoint me gèle sur le corps.

Les robes de chambre dont ils avaient eu soin d'envelopper leurs habits dans le porte-manteau les avait garantis de l'humidité. Ils se changèrent, l'un servant de valet de chambre à l'autre, car leurs mains tout écorchées et raidies par le froid leur venaient à peine en aide.

— Et maintenant, ce n'est pas fini! soupira Latude.

— Tu n'es jamais content! Si tu veux, il est encore temps de remonter en haut revoir M. de Saint-Marc?

— Mais, mon pauvre ami, qu'allons-nous faire? Tu es marseillais, tu connais mal Paris, dit Latude. Moi je ne peux pas me montrer dans le quartier Saint-Antoine ou près de la porte Saint-Martin, les seuls endroits où je puisse espérer quelque secours. Et si nous n'avons pas agi avant deux heures toute la maréchaussée de France est à nos trousses.

— C'est le mardi gras, dit Latude. Il y a des gens heureux. Toute une troupe passait en dansant sur le boulevard, en haut du fossé.

Des chansons et des cris interrompirent leur dialogue.

— Et heureux pour notre bonheur, répliqua d'Alègre, en faisant brusquement des gambades presque aussi sincères que celles des joyeux vivants dont les silhouettes cocasses se profilaient au-dessus de leurs têtes. Oui, mon cher! c'est le mardi gras, nous n'y avions pas pensé. Parmi tous ces pierrots, ces scaramouches, ces arlequins, ces diables et ces bergères, il y a peut-être moyen de se perdre!

En un tour de main, il eut déplié les robes de chambre — un peu humides — que contenait le porte-manteau. Il en prit une, la verte, et força Latude à endosser l'autre, rouge à fleurs bleues.

— Maintenant, noue ton mouchoir sur ta tête; fais une belle grimace, te voilà mandarin chinois! Et moi, avec les cordons de mon pourpoint, mon jabot et le nœud de ma perruque, il me semble que je viens de me confectionner un costume de prince hindou comme on n'en voit pas aux ballets de l'Opéra! Suis-moi!

Ainsi affublés, ils gravirent enfin le fossé et déambulèrent par le faubourg Saint-Antoine. Un fiacre passa; ils le hélèrent.

— Rue du Coq! lança le mandarin Latude. Et ils grimpèrent tous deux dans la guimbarde.

— As-tu songé, d'Alègre, dit Latude comme le fiacre s'ébranlait, que nous n'avons pas sou vaillant?

— Bah! après nous le déluge, comme dit le roi.

Latude revit pour la première fois depuis que M. de Saint-Marc était venu très poliment l'en arracher, la petite impasse de la rue du Coq, la petite porte encadrée de briques qu'il avait tant de fois franchie ayant Annette à son bras.

— Tiens, elle n'était plus verte, la porte, mais marron. Descends, d'Alègre, c'est là. Frappe, et demande M. Binguet. Tu monteras un petit escalier de bois sur ta gauche. Il a douze marches. Prends garde, la troisième est ébréchée!

Les souvenirs revenaient à lui aussi précis que s'il avait quitté sa mansarde la veille.

D'Alègre obéit. Le nez collé à la vitre du fiacre, méconnaissable sous son déguisement de fortune, mais craignant cependant de se dévoiler, Latude épia. Et il fut heureux, très heureux quand il reconnut la silhouette empâtée de Mme Coquebin dans l'entrebâillement de la porte. Rien n'avait changé jusqu'ici que la couleur des peintures. Mme Coquebin était en bas. La fleuriste blonde certainement à droite : il voyait son écriteau; et en haut, à gauche, il y avait Binguet.

Mais pourquoi d'Alègre parlemente-t-il? Qu'est-ce qui se passe?

— M. Binguet, mon bon monsieur, glapissait Mme Coquebin, on n'a pas idée de me réveiller pour cela? Vous avez trop bu au bal de l'Opéra. Allez vous coucher. M. Binguet, Etes-vous du temps du Régent? Il y a beau jour qu'il n'est plus là!

— Mais où est-il? ripostait d'Alègre. Je vous assure, ma bonne dame, que c'est très sérieux...

— M. Binguet? Il tient la grande boutique d'apothicaire « A la Belle rhubarbe », en face du Pont au Change. Tout le monde sait ça dans le quartier!

Et elle lui claqua la porte au nez.

D'Alègre retourna au fiacre :

— « A la Belle rhubarbe »! A l'angle du pont au Change, lança-t-il au cocher.

C'était une boutique somptueuse que la « Belle rhubarbe ». Un pignon sur rue, d'au moins trente pieds de long; des pancartes allé-chantes en belles lettres d'or, dominant l'étal : « Ici l'on purge, ici l'on saigne; guérissez vos dents! guérissez vos cors! » Et au-dessus de la porte, une étonnante fleur en tôle découpée, qui tenait de l'œillet et de la marguerite et voulait se faire passer pour une rhubarbe couronnait le nom de Binguet.

— Diable, fit d'Alègre, tu choisis tes relations!

— Binguet! Binguet! répétait Latude extasié. Binguet dans une boutique dorée?

Mais ce n'était pas le moment de philosopher sur la différence des destinées et même sur l'ingratitude des amis.

Ils frappèrent à la porte. Un jeune garçon en costume de nuit vint ouvrir.

— Monsieur Binguet,

— Il dort! Inutile d'insister. On est venu le chercher trois fois la nuit dernière... Vous repasserez dans la matinée!

6

— Mais c'est urgent; c'est un malade qui se meurt. Il faut une saignée. Allez secouer votre maître. Dites-lui que c'est de la part de M. Latude.

Le gamin courut, à regret. Il revint au bout d'un instant.

— Mon maître, messieurs, vous fait dire, récita-t-il, en les mettant dehors, qu'il n'a jamais connu de M. Latude et que si vous insistez pour le voir, il appelle le guet !

Les deux malheureux remontèrent en fiacre. On entendit Latude dire au cocher d'une voix qui réprimait des sanglots :

— Chez Annette, blanchisseuse, en face la porte Saint-Martin.

C'était son dernier espoir. Chez Annette tout était clos. Une voisine qui se rendait à l'office leur annonça que cette pécore avait passé deux mois à la prison de Saint-Lazare pour s'être compromise dans un complot avec un évadé de la Bastille et que depuis elle roulait de cabaret en cabaret.

C'est une loque que d'Alègre installa à côté de lui dans le fiacre. Il se fit conduire à Saint-Roch et le long du trajet il entendit Latude qui pleurait tout doucement sur son épaule.

VIII

— Attendez-nous là, pendant l'office, dit d'Alègre au cocher qui venait d'arrêter son cheval devant les marches de Saint-Roch.

Il s'était défait de son accoutrement et avait forcé Latude à en faire autant. Prenant son ami par le bras, il entra dans l'église, où l'on disait la première messe. Une seconde après, il sortait par la porte latérale de l'impasse Saint-Roch.

— Voilà comment on paie les fiacres ! Allons, réveille-toi, Latude, nous n'en sommes pas à un malheur près, le jour où commence notre bonheur. Nous laissons une charmante trace derrière nous : M. Berryer, M. de Saint-Marc, le porte-clefs, les sentinelles et le cocher de fiacre doivent commencer à entonner de belles litanies! Avant deux heures, il faut que nous roulions sur une grande route, et au galop!

— Mais l'argent, l'argent!

— Attends, que diable!

Par les ruelles ils gagnèrent le quai aux Orfèvres. Les boutiques commençaient à s'ouvrir. Chez un juif, d'Alègre échangea sa montre d'or, une bague qui lui venait de sa mère et une médaille de saint Jacques, contre quarante écus.

— Bah! j'en aurais bien tiré soixante en marchandant, si j'avais eu le temps! Mais ce n'est pas notre cas. Bonsoir, Paris!

Ils achetèrent chez un fripier deux chapeaux usagés et des vestes de toile.

— Nous voilà paysans de Picardie, mon bon Latude!

Et une heure plus tard, les deux complices ayant pris la diligence rue de Valois roulaient sur la route d'Amiens.

Au relais de Senlis, ils décidèrent de se séparer, pour dépister, s'il en était besoin, leurs poursuivants. Ils ne le firent pas sans une vive émotion. Se reverraient-ils jamais? Ils se donnèrent rendez-vous à Bruxelles, à l'hôtel du

— On a promis trois cents écus à qui le retrouvera.

Coffi, que Latude avait jadis fréquenté quand il était aux armées. Et de la fenêtre de l'auberge où il était resté, Latude eut un nouveau chagrin en voyant s'éloigner la diligence qui emportait son ami. Il avait comme un pressentiment qu'il l'avait perdu pour toujours...

Il avait décidé de suivre son compagnon à deux jours de distance. Le lendemain, au dîner, il dressa l'oreille en entendant trois voyageurs déposés par le courrier de Paris parler d'une grande affaire d'évasion, de descentes du lieutenant de police dans tous les quartiers de Paris.

— On a promis trois cents écus à qui le retrouvera, disait un marchand de cochons. Ah! si je savais où il est!

Latude faillit s'étrangler avec une arête de carpe.

— Comment les appelle-t-on? demanda l'aubergiste.

— Mais c'est le fameux Latude et un de ses compagnons. Vous savez bien, Latude, l'empoisonneur de la marquise.

— Latude! Allons donc, il y a longtemps qu'il est mort!

— Je le crois aussi, surenchérit Latude de sa table.

Le soir, prétextant un violent mal de tête, il se fit monter son souper dans sa chambre, et, la nuit, il résolut de découcher. Quand toutes les lumières furent éteintes, il se déchaussa et descendit lentement l'escalier qui donnait dans la grande salle, prêt à se glisser dehors par les écuries. Il n'eut pas cette peine, le veilleur ronflait. La grand'porte lui était accessible; mais sur le seuil une idée lui traversa la tête; il revint vers le dormeur que, tout doucement, il fouilla. Ravi d'avoir trouvé un acte de baptême et une pièce de procès, il quitta l'auberge et à travers champs regagna la route de Cambrai, au relai de Creil, où il prit la diligence.

A Cambrai, le soir, sa confiance fut mise à nouvelle épreuve. Un lieutenant de la maréchaussée qui se mêlait à toutes les conversations des voyageurs, lui demanda sans préambule :

— D'où êtes-vous?

— De Digne, répondit Latude, comme il eût dit Anvers ou Madrid.

Il s'en repentit en entendant le lieutenant lui répondre :

— De Digne! J'y suis resté dix-huit ans.

Mais alors vous connaissez le sergent Dupic? et Mme Gauthier? et le vieux père Lelong?

— Heu!... Mme Dupic?... le père Gauthier?... Attendez... attendez...

Latude n'avait jamais dépassé Lyon et Grenoble. Sans se démonter, il rumina encore :

— M. Lelong... Mais depuis combien de temps avez-vous quitté Digne?

— Depuis vingt ans l'été passé.

— C'est donc cela, je n'étais alors qu'un enfant. Sans doute les personnes dont vous me parlez sont mortes. Et, coupant court à cette dangereuse conversation, il héla un valet qui sortait de l'écurie.

— Holà! as-tu vu ma malle? ne l'oublie pas!

Et il partit, l'air très affairé. Sans autres encombres, il passa la frontière, en exhibant l'acte de naissance et l'extrait de procès au nom de Sébastien Bourrat, garçon d'auberge à Senlis, natif de La Motte-Beuvron.

A Bruxelles, il se rendit à l'hôtel du Coffi, en face de l'hôtel de ville, sur la grand'place, et il apprit avec effroi qu'on n'avait vu aucun paysan picard dans le courant du mois.

Son dernier appui, sa seule raison de vivre

pour l'instant, c'était d'Alègre, le compagnon de misère avec qui il avait fait tant de projets d'avenir. S'il n'était pas à l'hôtel du Coffi, il ne faisait certes pas un voyage d'agrément en Belgique. La vérité ne lui apparaissait que trop nette.

L'usage était alors que tous les voyageurs arrivant à Bruxelles vinssent donner leur nom à l'hôtel de ville. Latude-Bourrat s'y rendit le soir même et ne put résister au désir de demander à l'officier s'il n'avait pas vu quelque voyageur français arrivé l'avant-veille.

— Comment était-il? demanda brusquement l'officier, en regardant fixement Latude.

— Petit, gros, très âgé, avec une longue barbe grise, répondit Latude en défigurant autant qu'il était possible la silhouette du pauvre d'Alègre.

— Eh bien, on ne l'a pas vu; il n'est venu de Paris qu'un grand, maigre, échappé de la Bastille. On l'y a renvoyé le soir entre deux exempts...

⁂

Latude se garda bien de rentrer à son hôtel et flâna dans la ville comme un chien battu.

La faim le força, très tard, à entrer dans une auberge du quartier de Sainte-Gudule. Un étrange spectacle s'offrit à ses yeux. Etendu sur une table, un gros homme râlait. Autour de lui, tournaient, en poussant des cris divers, les servantes et les buveurs.

— Qu'est-ce qui se passe? demanda-t-il.

— Oh! mon bon monsieur! glapit l'hôtelière. Il dînait là tout tranquillement d'un filet de brochet et tout à coup il s'est mis une arête en travers de la gorge. Bien sûr qu'il va passer!

— Faites voir, dit Latude, écartant les gens. Il se souvint qu'il avait été aide-chirurgien. Il s'approcha du patient qui, rouge comme une écrevisse, soufflait comme un phoque et roulait des yeux effrayants.

— Une cuillère, vite, commanda Latude.

Introduisant le manche de l'instrument dans le larynx du malheureux, il eut tôt fait d'extraire la cause de tant d'alarmes.

Le calme se rétablit dans la salle de l'auberge, dont Latude fut roi, ce soir-là.

L'opéré était un hollandais, marchand de tulipes, qui retournait dans son pays en revenant des foires de Douai. Il témoigna à Latude la plus tendre reconnaissance.

— Vous m'avez sauvé, dit-il. Que puis-je faire pour vous?

— Oh! je serai franc. Je suis un pauvre paysan picard, qui me rends à Amsterdam pour voir une tante à l'agonie. Je n'avais aucune idée des frais de voyage. J'ai vingt sols en poche et suis à mi-chemin... Une place dans votre voiture sera le plus beau cadeau que vous puissiez me faire.

Allant de marché en marché, de foire en foire, dans la charrette du marchand de tulipes, bien nourri et bien logé, Latude traversa la Belgique et atteignit Anvers.

Chez un prisonnier traqué, épié, sauvant sa vie à chaque instant, la sensibilité s'émousse. Certes, il lui était sympathique, ce brave fleuriste hollandais, mais il avançait trop lentement, au trot de sa carriole, dans les plaines du Brabant; et les considérations sur le prix des tulipes, les variétés de jacinthes, les méfaits de la gelée dont il accablait Latude, laissaient ce dernier assez froid.

Sa pensée était ailleurs. Maintenant que ses premiers énervements faisaient place à de la fatigue, il revoyait un à un tous les acteurs de ces dernières journées tragiques : Binguet, l'ami de toute sa jeunesse, maintenant riche bourgeois de Paris, qui l'avait fait chasser par ses laquais; Annette, devenue fille publique, et d'Alègre, à qui il devait sa liberté, peut-être mort à l'heure actuelle, ou dans un sous-sol de la Bastille, ce qui est pire. Et tout cela parce qu'un beau matin, il avait, dans un égarement de jeunesse, envoyé de la poudre d'alun à la maîtresse du roi de France.

Il lui fallait de la solitude et, à Anvers, un matin que son horticulteur était au marché, il prit, avec les quelques sous qui lui restaient, le bateau qui, chaque jour, se rend à Amsterdam.

Dans le grand port hollandais, il longea les quais. Il avait son plan. Un armateur faisait embarquer sur un navire marchand des barils de graisse. Latude s'approcha de lui et se découvrant :

— Avez-vous besoin d'un aide? fit-il.

— On a toujours besoin d'un aide, quand on ne le paie pas, répondit cet homme.

— Ce sera mon cas, approuva Latude, si vous pouvez me nourrir pendant le trajet.

— Alors, mets-toi à la besogne. On part à la nuit. Il y a tout cela à charger avant.

Et le marin désigna à Latude épouvanté un tas de vingt-quatre barils hauts chacun comme un homme. Déjà il s'éloignait. Latude lui demanda encore, comme accessoirement :

— Et où part-on?

— En Floride!

— Bon, dit simplement Latude.

Que lui importait? L'Australie, les Amériques ou le Pôle Nord? Tous les endroits étaient bons que ne fréquentaient pas M. de Saint-Marc et la marquise de Pompadour.

Tout l'après-midi, sous une pluie battante, il roula les foudres sur le plan incliné, jusqu'au pont du vaisseau. La fatigue physique lui faisait oublier ses peines. Puis, à la nuit, avant le départ, il voulut demeurer un peu sur terre, fouler une dernière fois ce sol qui ne le séparait de son pays natal que par des lignes de convention.

Il s'assit sur un rouleau de cordages, prit sa tête dans ses mains et resta là sans penser. Une cloche le fit tressaillir : l'annonce du départ. Déjà il s'élançait sur la passerelle lorsqu'une main vigoureuse le saisit au collet. Il se retourna et crut tomber dans le Zuyderzée en reconnaissant sous les hardes de trois marchands arméniens, Saint-Marc, Pinson et un porte-clefs de la Bastille. Saint-Marc éleva jusqu'au visage de Latude une lanterne qu'il tenait à la main.

— Comme on se retrouve! fit-il.

Les deux acolytes saisirent chacun le malheureux par un bras. Il n'y avait pas à lutter.

IX

La disparition du prisonnier avait été accueillie au Châtelet et à la Cour de France comme une déclaration de guerre. Le soir, le jeu du roi avait été supprimé. Mme de Pompadour avait décrété qu'elle ne mangerait que des œufs à la coque, ainsi que le roi, avant qu'on n'eût remis la main sur Latude. Louis XV, qui avait bon appétit, la trouvait mauvaise. Les courriers partirent de Paris pour faire surveiller tous les ports de France et, comme pour une affaire d'Etat, les ambassadeurs près le gouverneur des Pays-Bas, des Provinces Unies de Hollande et de Sa Majesté Catholique d'Espagne, demandèrent l'aide de la police étrangère.

La favorite immolait à ses rancunes personnelles le prestige éternel de la France.

Saint-Marc et Pinson sachant par expérience que c'est vers les Pays-Bas que couraient le plus aisément les évadés, avaient pris au galop de leurs chevaux la route de Bruxelles. Le prince Charles d'Autriche, gouverneur des Pays-Bas, que liaient les nécessités de la politique européenne, dut livrer aux policiers de Louis XV les secrets des registres de l'hôtel de ville de Bruxelles. Et c'est ainsi qu'une première cueillette fut faite : celle du malheureux d'Alègre, que l'on renvoya au bercail, dans un cachot de la Bastille.

Lorsque M. de Saint-Marc eut appris qu'un paysan picard s'était enquis de l'identité des voyageurs de la chaise de poste de Cambrai, que ce paysan exhibant des papiers au nom de Bourrat était grand, maigre, aux yeux bleus, aux cheveux très bruns, il comprit qu'il ne reviendrait pas bredouille de sa seconde partie de chasse. L'étroite surveillance des policiers belges n'avait pas laissé passer inaperçu l'embarquement à Anvers du même paysan à veste grise. C'était désormais en Hollande qu'il fallait opérer. Mais là, la tâche était plus rude, le gouvernement des Provinces Unies se pliant moins aisément que le gouverneur de Belgique

— *Comme on se retrouve fit-il.*

aux caprices de la cour de France. C'est donc déguisés en marchands arméniens que les policiers français firent le guet sur le port d'Amsterdam à la recherche d'un chirurgien déguisé lui-même en vilain de Picardie!

Et Latude fut ballotté d'Amsterdam à Anvers, d'Anvers à Bruxelles; il refit à rebours le chemin parcouru la semaine précédente avec tant d'espoir. Quand il roula à nouveau sur les routes françaises, il regretta amèrement la petite goélette qui voguait maintenant, toutes voiles dehors, vers les cieux libres des Amériques.

Il se retrouva enfin à la Bastille, pieds et poings liés cette fois, au fond du plus humide des cachots, sur la paille, sans couverture. Cet horrible supplice dura douze journées après lesquelles M. de Saint-Marc vint lui demander s'il préférait qu'on lui déliât les mains ou les pieds.

— Les pieds, les pieds! hurla Latude, que d'atroces rhumatismes torturaient. Il étendit ses jambes engourdies, tuméfiées au-dessus des chevilles par l'étreinte des fers, et passa deux jours avant de pouvoir mettre un pied devant l'autre.

Mais que faire dans ce cercueil de dix pieds de long sur six pieds de large, dans une obscurité presque complète? Comment ne pas sangloter comme un enfant lorsque la faible lueur qui vous éclaire à midi et semble être votre seule raison de vivre, diminue pour annoncer une nuit interminable.

M. Berryer était encore à la Bastille. Il avait reçu de M. d'Argenson une verte semonce, on lui avait recommandé cette fois « de ne pas entourer le criminel de prévenances dignes d'un ambassadeur ». Mais Berryer, en se rendant au corps de garde, passait chaque matin devant le soupirail du cachot de Latude d'où s'échappaient des sanglots. Il ne crut pas désobéir au roi et à la cour en libérant les mains du prisonnier. L'expiation lui semblait suffisante. Et Latude, certes, ne songeait pas à se servir de ses mains pour inquiéter ses geôliers. Il avait fait son deuil de tout ce qui, sur terre, était en dehors des murs de la Bastille.

Et comme à l'intérieur, il n'y avait comme compagnons habituels que M. de Saint-Marc et les rats, c'est vers ces derniers qu'allait toute sa sympathie. Un jeune surtout, un enfant de l'année, tout gris, avec de petits yeux de braise, effronté comme un coq, venait lui disputer les fragments de son pain dur. Amusé, Latude favorisa ce manège, attira l'animal, le mit en confiance, lui réserva la croûte qu'il semblait préférer. Et les gambades du petit rongeur arrachèrent au prisonnier son premier sourire depuis un mois. Il y avait un être vivant auprès de lui, qui avait besoin de lui, qui semblait l'aimer. Il apprivoisa la bête complètement, la baptisa Pompadour, l'habitua à venir à l'appel de son nom, lui fit sauter des brins de paille. Et puis le petit rat devint grand, le mordit un jour jusqu'au sang; il le chassa et boucha avec de la terre le trou par où il lui rendait visite.

— Encore un ami de perdu, pensa-t-il.

La Seine commençait à monter. Les infiltrations inondaient peu à peu les cachots. M. Berryer fit transporter Latude dans une casemate de la tour de Paris. Il devait y rester six mois, sans un livre, sans une plume, sans une feuille de papier.

Il usa les heures effroyables en confectionnant une flûte à l'aide d'une brindille de sureau, trouvée dans sa cheminée, en attirant sur sa fenêtre les pigeons du voisinage. Puis la rage lui vint d'écrire. Sur une brique disjointe du seuil de sa porte, il grava à l'aide d'une fourchette une supplique déchirante à M. Berryer.

Il la remit au porte-clefs et la vit avec effroi passer dans les mains de M. de Saint-Marc qui veillait à la porte. Le porte-clefs fut changé le lendemain. Alors, toujours avec sa fourchette, il se perça la veine du poignet, et, se servant d'un fétu de paille, traça une sanglante prière sur un coin de son mouchoir. Et quand la ronde passa sous sa fenêtre, il lâcha dans le vide son étrange message. Le dernier soldat le ramassa; il n'en eut jamais de nouvelles.

Avec de la suie, avec du sang, il écrivit sur une tranche de son pain ces mots déchirants : « Monsieur Berryer, depuis six mois je veux vous voir. Tuez-moi ou venez. » Puis il guetta trois jours; il guetta l'homme en qui il espérait une dernière fois; il poussa un grand cri en le voyant traverser la cour et lui lança son inscription. Quelques instants après, Saint-Marc fut convoqué dans le bureau de Berryer.

— Qu'est-ce que c'est que cette histoire? Je n'ai jamais refusé de papier à Latude!

— Mais, monseigneur...

— Qu'il puisse écrire, que diable! Nous ne sommes pas des bourreaux!

Alors Latude, gratifié d'encre et de papier, fut pris d'un débordement épistolaire inimaginable. En une nuit, décidé à faire flèche de tout bois, il écrivit une supplique au chancelier, une lettre navrante à Mme de Pompadour, quatre pages de reproches à Binguet et deux mémoires au roi qu'il avait médités pendant ses temps de cachot, l'un sur l'état des armées, l'autre sur la manière d'exploiter les colonies. On en tira peut-être quelques idées au conseil des ministres, mais il n'en sut rien et les avis donnés à Louis XV demeurèrent sans réponse, comme toutes les épîtres de Latude.

A partir de ce moment, il eût voulu mourir, sincèrement, et c'est par un raffinement de cruauté, lui sembla-t-il, que l'on ne laissait traîner aucun objet de fer dans la cellule d'un embastillé.

***

Un jour qu'il était accoudé à sa fenêtre, qui dominait les premières maisons du faubourg Saint-Antoine, il vit à une lucarne une personne qui faisait de grands gestes. La distance était assez grande; il crut tout d'abord que les signaux s'adressaient à un passant. Trois fois, il s'éloigna de sa fenêtre; trois fois les bras cessèrent de s'agiter. Trois fois il y revint, et les signaux reprirent de plus belle. Il regarda fixement, en clignant les yeux et avec effarement; il lui sembla reconnaître les cheveux blonds d'Annette. Il passa un bras entre ses grilles et agita la main; le même geste lui répondit. Plus de doute désormais. Il l'avait maudite souvent, la pauvre fille, mais elle avait tant à lui reprocher de son côté, qu'il eût fait l'impossible pour communiquer avec elle. Il fallait pour cela qu'il descendît de deux étages. Le jour même il s'alita, se plaignant d'un violent mal de jambes. Il écrivit à M. Berryer qu'il souffrait le martyre, que le froid qui régnait dans cette pièce, en haut de la tour, l'aurait conduit à la tombe avant huit jours; qu'il le suppliait d'avoir pitié de lui. Et progressivement, il augmenta ses douleurs jusqu'à pousser des cris déchirants. Un soir, enfin, on le transporta dans la grande salle du premier étage, où l'on parquait les malades. De là, cent pieds à peine à vol d'oiseau le séparaient de la lucarne, où il mettait toute son espérance. Il était seul dans la pièce pendant une heure, quand deux autres malades se promenaient au soleil, dans la cour. Il en profita pour faire connaître à Annette son nouveau domicile. Elle lui répondit en étendant devant elle un grand papier, sur lequel étaient écrits trois mots en lettres hautes d'un pied. Il comprit que c'était les premiers termes d'un message. Le lendemain, à la même heure, trois mots nouveaux apparurent à la fenêtre. Il en fut ainsi les jours suivants. Il fallut près d'un mois pour que l'ancienne blanchisseuse fît comprendre à Latude, sans alerter les sentinelles, qu'elle logeait dans le quartier depuis trois ans uniquement dans l'espoir de le revoir. Latude n'avait pas de quoi lui répondre par les mêmes moyens. Et comment, à cent pieds de distance, exprimer les sentiments confus d'attendrissement et de reconnaissance envers la femme que l'on a chérie dix ans de sa vie!

Ainsi c'était pour lui, pour le sauver, qu'elle avait subi l'infamie de Saint-Lazare et qu'elle avait ensuite traîné dans ce quartier Saint-Antoine, dans les bouges et les cabarets qui bordent le faubourg ou s'accrochent aux flancs de la forteresse. C'est dans l'espoir d'entendre un jour prononcer son nom qu'elle s'était donnée aux porte-clefs de la Bastille et aux soldats du corps de garde.

Latude n'avait jusqu'à ce jour été qu'une victime. L'idée qu'un être souffrait par lui le révolta. Il n'eut plus désormais que des gestes brusques et des réponses brutales à l'adresse de ses geôliers. Un soir, à l'heure de la ronde, il se jeta même sur M. de Saint-Marc et le saisit à la gorge. Il fallut une fois de plus la tolérance de M. Berryer pour l'empêcher de retourner au cachot.

Au début d'avril 1764, en venant le fouiller, un porte-clefs lui dit :

— Monsieur Latude, écrivez à Mme de Pompadour !

— Plutôt mourir, riposta le prisonnier. Et de quoi t'occupes-tu ?

Le lendemain, le geôlier insista :

— Monsieur Latude, avez-vous écrit à Mme de Pompadour ?

— Mais pourquoi ? demanda Latude exaspéré.

— Je ne peux pas vous en dire plus, dit l'autre en se retirant.

Latude avait écrit, il y avait cinq ans, à la Marquise, il y avait deux mois encore. Elle connaissait ses souffrances ; elle s'en vantait certainement. Il eût préféré finir sa vie en Bastille plutôt que de s'exposer une autre fois peut-être à ses sarcasmes.

Et le soir, il crut rêver en voyant Annette brandir de sa fenêtre une blanche pancarte sur laquelle on lisait : « Mme de Pompadour est morte. »

Si incompréhensible que cela puisse paraître, il en éprouva un grand coup. Le sentiment le plus subtil l'avait lié à cette femme. Elle avait décidé de son sort, c'est-à-dire de ses souffrances, et pas un instant il n'avait cessé de penser à elle. Ah! si elle avait voulu être clémente, il se serait fait tuer pour elle; il le lui avait écrit de Vincennes : c'était vrai. Quelle tendresse respectueuse et magnifique eût entraîné ce beau geste! Maintenant Mme de Pompadour était morte... Sans doute, il eût pu espérer une grâce *in extremis*, en écrivant comme le lui avait conseillé le porte-clefs. Mais il ne regrettait pas de ne pas avoir lié son bonheur à ce deuil. Et maintenant, qu'allait-il devenir? Allait-on l'oublier, ou le relâcher avec les mille ennemis de la favorite qui croupissaient dans les prisons d'Etat. Il attendit deux semaines en vain, ne répondant que par des haussements d'épaule aux questions écrites et lointaines d'Annette. On l'oubliait. Alors, il écrivit à M. de Sartine, lieutenant de police, qu'il savait que la marquise était morte et qu'il attendait maintenant la justice.

Toute une troupe envahit le lendemain sa chambre. M. de Sartine lui-même était là, entouré de Saint-Marc, de Berryer et d'exempts.

— Par qui connaissez-vous la mort de la marquise? demanda de Sartine sur un ton qui exigeait une réponse précise.

Latude eût préféré être roué en place de Grève que de le dire. Il joua le fou.

— J'ai eu un rêve, Monseigneur, il y a quinze jours. Ma mère se penchait sur moi et me disait : « On veut faire mourir la marquise. Cours à Versailles. » Je me réveillai tout en sueur. Le lendemain, nouveau rêve, dans lequel la vie de Mme de Pompadour était menacée. Et ainsi de suite jusqu'au 7 avril, où subitement, sur le coup de minuit, j'entendis comme un grand cri. J'étais certain que mon ennemie n'était plus.

— Eh bien! glapit de Sartine, vous n'y gagnerez rien, car on ne remet pas les fous en liberté! J'en ai assez entendu parler de Latude. Envoyez-le n'importe où, qu'on ne le voie plus!

Et il sortit, entraînant à sa suite la troupe des

policiers. Quelques instants après, M. Berryer revint tout doucement, comme un voleur :

— Vous voyez, Latude, où vous conduisent vos folies? Vous lasseriez un capucin... Vous partirez demain pour Vincennes. Et trouvez-vous heureux encore.

Puis le brave homme, que Latude ne devait plus revoir, lui tendit la main en signe d'adieu.

Et Latude retrouva le donjon de Vincennes. Le premier soir, machinalement, il courut à sa fenêtre, comme il faisait les jours derniers, à la Bastille. Et dans le paysage banal de la campagne parisienne, qui s'étalait devant lui, il chercha en vain la petite lucarne qu'illuminaient chaque soir les cheveux blonds d'Annette, porteuse d'un grand message blanc.

X

Il est étonnant, presque incroyable de constater que Latude s'échappa une seconde fois de Vincennes de la façon la plus simple du monde. A ce prisonnier qui avait dû jadis percer des murailles et fabriquer des cordes avec ses caleçons, il suffit de dire un soir de brouillard intense à la sentinelle qui le menait aux cabinets :

— Comment trouvez-vous ce temps-ci?

— Fort mauvais, sans doute!

— Moi, je le trouve très bon pour m'en aller...

Et il disparut dans la brume. Il connaissait les lieux. Il escalada le mur nord entre deux sentinelles qui ne soupçonnèrent même pas sa présence. Entre trois, il remonta le parapet, et, butant à chaque pas, il gagna la route de Paris. Il écrivit à Annette, de l'auberge des Deux Epis, près de la porte Saint-Martin, car il ne pouvait guère songer à déambuler sous les murs de la Bastille. Et puis il écrivit aussi à M. de Choiseul, ministre de la Guerre :

« Monseigneur, je vous ai fait parvenir l'an « passé un projet militaire où j'ai mis toute « mon âme, ne cherchant que le bien de l'Etat « et la gloire de mon roi. Je suis libre à cette « heure; mais demain vous pouvez me repren- « dre si vous le voulez. J'espère en votre bonté, « Monseigneur. »

Et crânement, bravement, il inscrivit en bas le nom de l'auberge qui l'abritait. Il avait confiance réellement dans la grandeur d'âme d'un grand seigneur.

Trois heures après, un garde-française à cheval s'arrêtait devant les Deux-Epis, porteur d'un pli pour le sieur Latude. Il lut avec une joie ineffable : « Venez ce soir au petit Châ- « telet. Vous y trouverez la récompense qui « vous est due. » Le timbre de l'intendance ornait le bas de la lettre. Il courut au lieu indiqué. La lourde grille du Châtelet s'ouvrit devant Latude; elle roula sur ses gonds une seconde fois quelques instants plus tard pour le laisser passer encadré de quatre sergents de police. La pauvre Annette, moins alerte que le garde-française, arriva à la nuit aux Deux-Epis et attendit vainement jusqu'à l'aube le retour de son bien-aimé.

On avait en haut lieu essayé depuis vingt ans de tous les moyens pour faire taire Latude. En vain. M. de Sartine, résolu d'en finir, s'aida du plus odieux des mensonges. Il jura ses grands dieux que Latude était fou, fou furieux, que Quesnay, médecin du Roi, et M. Berryer le lui avaient répété maintes fois. Affirmation aisée : Quesnay n'était plus depuis trois ans et M. Berryer, jugé trop clément pour ses pensionnaires, avait reçu l'ordre, l'été passé, de gagner la Provence, son pays natal, et d'y finir ses jours. C'est de Charenton, que relevait maintenant Latude, de l'hospice des fous dangereux. De la Bastille, de Vincennes, on sort, parfois; de Charenton, jamais. La raison du plus sensé s'émousse au contact des déments. Mieux vaudrait être enterré vivant. La sensibilité de Latude fut, en effet, dès le premier jour, soumise à un choc effroyable. Un homme poussait des cris de bête dans un coin de la salle de l'asile. Avec un mouvement d'effroi, le nouvel arrivé se retourna. Il lui sembla que ces déments couraient autour de lui, qu'un gouffre s'ouvrait sous ses pas. Il venait de reconnaître d'Alègre, mais dans quel état! Ses cheveux devenus gris, sa barbe poussée lui cachaient la moitié de la figure; des rides atroces creusaient ses joues; un rictus effrayant tordait sa bouche. Latude se précipita.

— D'Alègre, d'Alègre, toi ici?

Il le prit dans ses bras. Le malheureux interrompit ses hurlements et regarda fixement Latude.

— Voyons, tu me reconnais bien? Latude! Latude, de la Bastille?

Et comme pas un pli ne bougeait sur la figure de son ancien compagnon, il prit peur et, des larmes dans la voix, reprit :

— Latude, tu sais bien, voyons, rappelle-toi!

Mais l'autre, l'écartant de la main d'un geste qui voulait être majestueux, passa en murmurant :

— Ne me touchez pas! Je suis Dieu.

Latude s'abattit comme une masse, secoué par des sanglots. C'est là donc où finissaient

— D'Alègre, D'Alègre, toi ici?

tous les prisonniers gênants. Allait-il devenir, lui aussi, Dieu ou le diable, une loque humaine sans pensée et sans âme.

Les jours qui suivirent, il le souhaita, tant était atroce cette communauté de vie avec les pensionnaires du lieu. Et puis, par un réflexe bien humain, il voulut vivre, il n'avait que quarante ans. Il se débattit, cherchant à réagir contre l'ambiance. Il écrivit des lettres et encore des lettres, que parfois ses voisins de chambre lacéraient. Il écrivit au dauphin, à la jeune dauphine nouvellement arrivée à Paris, en qui le peuple mettait tous ses espoirs et qui devait un jour devenir Marie-Antoinette. Il écrivit à l'archevêque de Paris, il écrivit au pape. Jamais aucune réponse ne lui parvint.

Louis XV mourut. Avec le nouveau règne, il reprit quelque espoir. Il écrivit à Louis XVI. Il écrivit à Marie-Antoinette sans jamais rien recevoir en retour.

Un infirmier de Charenton, nommé Ducrot, qui avait une fille folle et se consolait parfois de son chagrin en vidant des bouteilles, était plus humain que les autres. Il surprit un jour Latude en train de pleurer sur une lettre qu'il achevait pour Annette.

— Pour qui est-ce?

— Pour ma fiancée! sanglota Latude. Ecrire, ça me console un peu et mes lettres s'arrêtent à la porte, j'en suis sûr.

Sans rien dire, Ducrot plia le papier, le cacheta et le glissa dans sa poche.

— Celle-la parviendra, mon bon Latude, fit-il.

Et peu à peu, l'amitié naquit entre les deux hommes. Ducrot se fit de temps en temps, quand se relâchait la surveillance, le commissionnaire de son malade. Un jour, sous le préau, Latude le prit à part.

— Ducrot, les lettres mises par tes soins à destination de Versailles n'ont rien fait. Si nous continuons, on s'en inquiètera. Voici mon dernier espoir. Un mot, le plus triste de tous, au président de la Tournelle, que l'on dit bon et influent au Parlement. Porte-le toi-même, Ducrot, je t'en prie. Si je n'ai pas de réponse de celui-là, il se pourrait bien que je prenne ma fenêtre du second étage pour une porte et que tu me ramasses demain sur les carreaux de la cour. A un fou, c'est un geste permis...

— Tais-toi, fit Ducrot brusquement, j'y vais.

*
**

Ducrot partit de Charenton à midi. Il faisait chaud. Il prit de la fraîcheur et du vin nouveau dans plus d'une auberge de Saint-Mandé. La nuit le surprit aux Trois-Maillets, aux portes de Paris. Il visita encore l'Ane-rouge, le Pot-d'étain, le Pommier-couronné et le Vin-du-Pape. Quand il fut au Petit-Pont, il n'y voyait plus guère, il prit le Louvre pour le Châtelet... Au petit jour le gué le ramassa dans le fossé de la rue des Prêtres-Saint-Germain-l'Auxerrois.

Il suffit de peu d'instants, à l'aube, pour changer l'aspect des rues de Paris. Les cabarets se ferment, les derniers buveurs rentrent chez eux ou sont cueillis par la maréchaussée lorsque s'ébranlent les premières cloches : Saint-Germain, Saint-Merri, Saint-Jacques-de-la-Boucherie appelaient au premier office, et c'est une petite mercière du quartier qui, se rendant à la paroisse, ramassa sur le pavé la précieuse lettre au président de la Tournelle, égarée par le trop peu sobre commissionnaire.

Elle avait nom Legros, cette brave mercière; elle tenait avec son mari une petite échoppe dans la rue des Fossés-Saint-Germain. Vendant au juste prix et toujours à l'affût des dernières nouveautés, elle s'était gagné une fidèle pratique dans le monde des soubrettes, des laquais, des caméristes et des portiers. On devisait beaucoup dans sa boutique : le porte-queue de M. le Cardinal de Rohan y apportait les potins de Versailles, et la chambrière de Mme d'Aiguillon y commentait les derniers scandales de la ville. N'entendant parler que carrosses, parures, fêtes et soirées d'opéra, cette bonne boutiquière s'était prise à se croire assez près de la cour. Elle rêvait d'aventures comme Mme la marquise de la Tour du Pin dont elle fournissait le valet de chambre en jabots; elle se grisait d'intrigues comme Mme Necker, dont la servante lui enlevait des mètres de ruban. Elle vivait dans l'attente de mystérieuses et merveilleuses histoires et c'était au surplus la meilleure femme du monde.

La découverte de la lettre de Latude provoqua sur ce terrain bien préparé un débordement d'agitation. Elle avait lu : « Je suis dans un cachot à dix pieds sous terre, au pain et à l'eau depuis trente-trois ans... » Elle en oublia la messe; elle rentra en courant réveiller son mari et ce matin-là, toute la valetaille du quartier récitait avec des larmes dans la voix l'épître du prisonnier de Charenton que Mme Legros leur avait lue derrière son comptoir.

La mercière était décidée à agir, mais son esprit bouillonnait trop pour arrêter un plan, et, à tort et à travers, elle ameuta toutes les rues, de la colonnade du Louvre à Saint-Eustache, du pont au Change au Palais-Royal!

Aidée de son mari, elle fit cent copies de la lettre tragique et les déposa dans tous les hôtels du faubourg Saint-Antoine. En moins d'une semaine les plus grands noms de France avaient lu la plainte de Latude. M. de la Tournelle, premier destinataire, fut le dernier averti. Tous ses parents, tous ses amis du Châtelet et du Parlement lui apportaient une lettre qu'il aurait dû être seul à connaître. Ce nouveau coup du turbulent prisonnier n'était pas sans l'inquiéter; il n'eut pas de mal à découvrir l'expéditrice de toute cette volumineuse correspondance et un sergent du Châtelet vint un beau matin prier Mme Legros de se rendre chez le Président. La brave dame n'en espérait pas tant, elle avait fait bonne besogne en moins de huit jours. Son attachement pour Latude était peu à peu devenu une passion dont tout autre que l'honnête M. Legros aurait pris ombrage. Elle sauta sur son châle, se pomponna à la hâte et courut au Châtelet d'une telle allure que l'exempt, qui en avait cependant vu d'autres, parvint derrière elle tout essoufflé.

M. le Président de la Tournelle l'accueillit assez froidement. Elle en reçut un grand choc, mais elle débita son boniment avec tant de flamme et de sincérité, qu'il n'eut pas le courage de lui en vouloir longtemps. Il lui conseilla néanmoins d'oublier M. Latude, et la fit reconduire, persuadé que c'était une folle.

Mme Legros, elle, s'en retourna persuadée que le Président de la Tournelle allait se rendre à Charenton pour délivrer son prisonnier. Elle l'annonça à toute sa clientèle, et attendit, en proie à une agitation inimaginable. Elle attendit deux semaines, en vain. Elle retourna au Châtelet, elle se fit éconduire. Alors, elle remua tout ce qu'il était possible de remuer. Elle était sans réponse de Latude à qui elle avait écrit lettres sur lettres qui, sans doute, avaient été interceptées. Un laquais du Président de Lamoignon lui ayant un jour confié que la veille, chez son maître, au jeu, on avait parlé du prisonnier et que Mme la duchesse de Beauvau avait pensé en pleurer, elle prit un fiacre, courut à l'hôtel de la duchesse. Ses relations lui firent aisément franchir l'antichambre; elle se jeta aux pieds de la maîtresse du logis. L'entretien de ces deux femmes sensibles se termina dans les larmes. Mme de Beauvau, au grand trot de son carrosse, emmenait bientôt la mercière chez le prince de Soubise. Le prince ne pleura pas, mais comme il n'avait rien à refuser à Mme de Beauvau, il l'emmena sur-le-champ chez la duchesse de Polignac.

— Elle est avec l'opposition, dit-il, elle seule peut le sauver.

Cette fois, le carrosse était plein. On mit Mme Legros à côté du cocher. Que lui importait? Elle volait vers le bonheur. La petite troupe, faisant boule de neige, s'augmenta encore du cardinal de Rohan et du président de Gourges et tout ce monde, après souper, frappa à l'hôtel d'Alembert. Il s'y tint un grand conciliabule. Le célèbre philosophe avait chez lui le marquis de Villette, l'ami de Voltaire, prêt à toutes les indulgences, comme à toutes les folies. On fit cercle autour de

Mme Legros, qui sans s'intimider de la présence de ducs et de pairs de France, de princes de l'Eglise et de membres de l'Académie Française, raconta sa petite histoire aussi simplement que si elle eût été dans son arrière-boutique. Et chacun l'approuva pour des raisons diverses : la marquise de Beauvau par amour du mystère, M. d'Alembert au nom du principe de la liberté des hommes et Mme de Polignac pour montrer son influence et faire enrager le cardinal de Rohan.

XI

Marie-Antoinette et la princesse de Lamballe, sa plus fidèle amie, passaient leurs après-midi dans la ferme de Trianon, à garder des moutons bien frisés, parés de rubans roses. Elles s'étaient éprises de cette fausse campagne, de leur laiterie de marbre blanc, de leurs étables aux lambris sculptés. Les soirs, au pavillon de musique, loin des splendeurs de Versailles, elles aimaient à tenir quelques-unes de ces réunions d'intimes que jalousaient tant les frères du roi, pour n'y pas être admis, et qui furent beaucoup dans la perte de la Reine.

Mme de Touzel et Mme de Polignac étaient deux fidèles. Et le lendemain du plaidoyer de Mme Legros chez d'Alembert, elles se rendirent à Trianon avec un empressement tout particulier. Toute la petite cour de Marie-Antoinette s'apitoya sur le sort de Latude, qui, de martyr, devenait peu à peu un véritable héros de légende.

— Vous ne m'apprenez rien, dit Marie-Antoinette. Je connais les souffrances de ce pauvre homme.

Mais, comme elle aimait peu à rappeler les souvenirs des intrigues de la Pompadour, elle n'insista pas et conclut :

— Des amis m'ont remis souvent, depuis quelque temps, des copies d'une lettre déposées chez eux par une main anonyme et charitable. J'en parlerai au roi.

Et l'on se remit à jouer au trictrac.

A l'issue du Conseil, quelques jours après, Louis XVI surprit fort M. de Malesherbes, secrétaire de la maison du roi, en lui disant à brûle-pourpoint :

— Veuillez m'apporter sans retard le dossier de M. La Tude, votre prisonnier à Charenton.

— Mais Votre Majesté sait-elle... interrompit M. de Malesherbes.

— Je ne sais rien, c'est pourquoi je veux tout savoir, reprit Louis XVI, avec cet accent volontaire qu'il prenait fréquemment et que démentait son aspect bonhomme.

M. de Malesherbes s'inclina et obéit. Le roi feuilleta les nombreux papiers sur lesquels s'inscrivait le nom de Latude. Scandales, lettres de menaces, propos subversifs, affaires louches d'empoisonnement, rapports d'évasions défilèrent sous ses yeux. La fin honteuse de son aïeul, les scandales de Mme de Pompadour, tant de mauvais souvenirs revinrent à sa mémoire. Il ferma le dossier en disant simplement :

— Jamais!

Le lendemain, la reine apprit la nouvelle à Mme de Polignac, qui l'apprit à Mme de Beauvau, qui l'apprit à la mercière de Saint-Germain-l'Auxerrois.

Une lionne déchaînée se fût montrée plus calme que Mme Legros, ce jour-là.

Elle n'avait pas encore frappé à la porte du Palais-Royal, chez le duc d'Orléans, ce prince du sang, que l'on savait ami de toutes les oppositions, quelles qu'elles fussent. Comme elle n'avait pas de clients à l'office, l'entrée lui fut refusée; elle dut promettre un baiser au portier; elle dut en donner un autre au valet de chambre. Heureusement elle fut introduite sans autre obstacle auprès de l'intendant du duc et l'honneur de M. Legros ne fut pas autrement inquiété. Elle remit son épître, la même qu'elle avait écrite tant de fois. Serait-ce la dernière? Toute la cour, toute la ville étaient maintenant intéressées au sort de Latude; contre la famille royale, les ministres, les grandes dames et les encyclopédistes réunis, le roi fut sans défense. Vingt fois par jour on lui demandait de tous côtés la grâce du prisonnier. C'est à la reine qu'il voulut la remettre, après le jeu, le soir du 24 mars 1784. Il y ajouta une pension de quatre cents livres pour le prisonnier, qui devait regagner Montagnac son pays natal et n'en plus jamais sortir.

Vous croyez que Mme Legros fut contente. Six mois de courses, de démarches, de rédaction d'épitres et de sourires aux laquais ne l'avaient pas lassée. Latude exilé? Son héros perdu pour elle? Elle ne l'entendait pas de cette oreille. Elle refit tant de visites, elle roula tant, en fiacre, de Paris à Versailles qu'elle obtint en huit jours ce qu'elle désirait. Se promenant le long du grand canal, Louis XVI, assailli par la princesse de Lamballe, Necker, le duc de Chartres et la maréchale de Luxembourg, qui parlaient tous en même temps, s'écria en éclatant de rire :

— Vous le voulez, votre Latude? Gardez-le donc; mais ne l'amenez pas à Versailles!

⁂

On avait permis à Mme Legros d'aller elle-même chercher son prisonnier. Elle se para comme une mariée.

Latude, mis au courant des péripéties de sa merveilleuse aventure par le porte-clefs Ducrot — qui avait été déplacé de Charenton à la suite de ses libations, mais continuait à avoir des relations parmi les geôliers — avait maintes fois attendu sa bienfaitrice et maintes fois avait perdu tout espoir. Il eut une joie d'enfant en voyant entrer dans la grande salle de l'asile une grosse dame empanachée. Latude se jeta à ses pieds. Mme Legros, plus émue que lui encore, fondit en larmes et oscilla dans les bras de son mari. On n'aurait pas cru assister à une levée d'écrou, mais aux adieux d'un prisonnier à sa famille...

Et Latude partit en fiacre, salué bien bas par tout le personnel de l'hospice. La mercière de la rue des Fossés-Saint-Germain-l'Auxerrois l'installa chez elle, dans la plus belle chambre de façade, qui était celle de M. Legros, auquel elle persuada d'aller coucher dans la penderie, ce qui était meilleur pour ses bronches, assura-t-elle, car le soleil y donnait une heure le matin.

Elle avait vécu depuis six mois dans le désir de voir Latude : elle n'eut aucune désillusion. Elle ne se l'était pas figuré tel qu'il était, mais tel qu'il était elle le trouvait bien.

Ce qu'elle avait considéré comme sa mission sur terre était accompli et c'était un nouvel homme que la boutiquière, la tête farcie des œuvres de Rousseau, voulait désormais garder auprès d'elle, pour communier avec lui dans l'amour du bien!

Le soir même, le duc d'Ayen, la duchesse de Beauvau, les bras chargés de fleurs, et le trésorier de M. de Condé porteur d'une bourse garnie défilèrent dans la chambre pour contempler le héros. Ils répandirent dans tout le faubourg le récit de ses malheurs qu'ils avaient recueilli de sa bouche comme autant d'oracles. La procession continua les jours suivants. Les

Latude se jeta à ses pieds.

chaises et les carrosses armoriés encombrèrent la rue des Fossés-Saint-Germain-l'Auxerrois.

Le maréchal de Luxembourg prit l'initiative d'une souscription qui rapporta en une semaine de quoi alimenter un régiment en campagne. Et bientôt, les grandes dames prirent ombrage de la petite mercière qui couvait son Latude et interdisait même parfois la porte, sous prétexte qu'on allait le fatiguer. Les duchesses voulurent l'avoir chez elles, et elles organisèrent des dîners en son honneur.

Latude se laissait vivre. Maintenant, quand il racontait son histoire — il la racontait bien vingt fois par jour — il débutait ainsi : « Quand on a, comme moi, éprouvé la rage de la faim, on commence toujours par parler de la bonne chère. » Et, les larmes dans les yeux, ces dames commandaient des mets de roi à leurs maître-queux.

Il vécut ainsi tout un hiver, sans penser, se faisant choyer, promener, rebondissant de dîners en soupers et de soupers en soirées d'opéra. Il ne cherchait pas à tromper une surveillance que Mme Legros avait partagée bien à contre-cœur avec les grandes dames de la cour. Il lui semblait que son sort ne lui appartenait plus; il sentait que le peuple aussi l'aimait, et que, dans cette période de lassitude contre l'ancien régime, qui préparait à brève échéance la révolution, il apparaissait un peu comme un précurseur.

Un soir, comme il se préparait à gagner l'hôtel de Rohan, il reçut une lettre. Il reconnut l'écriture, décacheta nerveusement : « Mon pauvre ami, je sais comme tout le monde que tu es maintenant choyé et libre, enfin. Je me meurs de n'avoir jamais rien pu faire pour toi. Je n'ai jamais cessé de t'aimer, mais vingt fois, je t'ai cru mort et vingt fois, j'ai voulu te suivre. Tant de souffrances viennent à bout d'une pauvre fille. Demain je ne serai plus là. Adieu, mon amour, pardon. — Annette Groslier, prison de Saint-Lazare, ce 25 juin 1785. »

Comme un fou, Latude descendit dans la rue. Mme Legros s'était mise à sa fenêtre, intriguée par l'arrivée de ce courrier, qu'elle surveillait toujours du coin de l'œil.

— A l'hôtel de Rohan, cria Latude, très fort, en prenant un fiacre qui passait. Et, parvenu à la Colonnade, hors des regards de son Cerbère, au lieu de longer les quais, il fit prendre à son équipage le chemin de Saint-Lazare. Quand il arriva, il apprit que la malheureuse était morte la veille au soir, dans un dernier accès d'un mal de poitrine qui l'avait conduite à l'hôpital, trois mois auparavant. Et c'est dans le petit cimetière de Saint-Lazare, effondré auprès d'un tertre fraîchement remué, que Latude passa toute son après-dînée.

Pendant huit jours, il ne voulut voir personne. Tout le faubourg Saint-Antoine s'en inquiéta. Lorsqu'il accepta de sortir, ce fut pour se rendre à l'Académie Française voir Mme Legros recevoir des mains de d'Alembert le prix Montyon, aux acclamations de tout le monde lettré et savant. Cette cérémonie lui parut étrangement grotesque, et il en conçut pour sa bienfaitrice, si extraordinairement ingrat que cela puisse paraître, un dédain parfait.

Avec l'argent que lui avait procuré la souscription de la maréchale de Luxembourg, Latude avait largement de quoi s'établir chez lui et y prendre les quelques repas que négligeraient de lui offrir son escadron d'adoratrices. Il quitta la rue des Fossés-Saint-Germain-l'Auxerrois, cependant que la mercière et son mari s'étranglaient dans leurs sanglots.

Dans ses habits de soie, au fond du carrosse qui venait le prendre à son domicile, rue Quincampoix, sous les plafonds dorés de l'hôtel de Toulouse, comme dans les jardins du Palais-Royal, à l'heure des élégances, le vicomte Henri de la Tude, nouvellement annobli par Louis XVI, gardait l'âme du chirurgien de la rue du Coq. Il connaissait maintenant le chemin du petit cimetière, où reposait sa seule victime, à lui, qui avait été victime de tant de gens. Parfois, en quittant cette tombe, une grande colère le prenait. Il avait toutes les peines du monde à ne pas courir à la place de Grève pour aller briser à coups de canne les bocaux dorés du grand apothicaire Binguet; à ne pas gifler M. de Saint-Marc, maintenant lieutenant de police; qui, comme tout le monde, lui faisait des courbettes quand il le rencontrait. Et c'est vers les héritiers de Mme de Pompadour qu'il tourna toute sa colère. Il assigna en réparations et en indemnités le fils du marquis de Marigny, frère de l'ancienne favorite. L'opinion publique était pour lui. Son geste fut accueilli comme la plus spirituelle des leçons. Alors que les Etats généraux se réunissaient à Versailles et que le peuple de Paris, prenant la Bastille, semblait supprimer à jamais les prisonniers d'Etat.

Tout Paris voulut assister au procès; les plus grands avocats s'en mêlèrent et Latude, incarnant la vertu récompensée, reçut 60.000 livres de dommages-intérêts...

Mais la Révolution, tout en le fêtant, mit fin à sa vie de coq en pâte. Il eut son portrait au Salon et l'on fit des poèmes sur lui; mais il ne mettait plus son habit de soie pour se rendre chez les belles marquises, qui avaient émigré. Il vit tomber les têtes de plus d'un bienfaiteur de la veille; il avait tant souffert, cependant, que sa sensibilité s'était atténuée et lorsque l'engouement révolutionnaire fut passé, lorsque avec l'Empire, naquit en France une nouvelle monarchie, il devint un petit bourgeois de Paris, tout simplement, vivant — ironie du sort — de l'argent des héritiers d'une favorite du ci-devant régime!

Dans sa vieillesse il radota un peu. Ses habitudes d'écrivassier, qu'il avait contractées en prison, le reprirent. Que d'épitres partirent de la rue Quincampoix à destination de Bonaparte, de Joséphine, de Talleyrand ou du roi de Prusse — toutes signées d'un nom qui n'évoquait plus chez personne aucun souvenir : Latude...

Il s'éteignit doucement, à l'âge de quatre-vingts ans, le premier jour de l'année 1805. Dans sa dernière nuit, il eut un rêve effarant. Dans Versailles, qui avait retrouvé toute sa splendeur, entre deux haies de gardes-françaises et de courtisans prosternés il était accueilli par Mme de Pompadour, qui lui apparaissait sous les traits d'Annette. Il unissait ainsi, dans son fantasmagorique cauchemar, à l'heure de sa dernière et définitive évasion, les deux femmes qui avaient mené sa vie, l'une par la bonté, l'autre par la haine et que, toutes deux, également peut-être il avait aimées.

FIN

La Conspiration de Malet

La Conspiration de Malet

I

Un matin de l'année 1775, une animation inusitée régnait dans les rues de la petite ville d'Arbois. Une foule de notables de la ville, de bourgeois, de paysans, parlant avec animation, montait, en troupeau, une voie assez étroite. Et les langues marchaient, les commères discouraient, criant et gesticulant.

— Non! croyez-vous? N'est-ce pas une pitié d'enfermer au couvent une si belle jeunesse?

— Et une fille qui ne demande qu'à rester dans le monde et à vivre sa vie!

— Faut que les parents n'aient pas de cœur tout de même!

— Bah! M. de Balay trouve que les temps sont durs et les Ursulines sont moins exigeantes que les prétendants, trancha avec un gros rire l'apothicaire de la place des Bancs.

Les commentaires allaient leur train quand, soudain, une sonnerie de fifres se fit entendre. Les éclats des cuivres se rapprochèrent et la foule dut s'écarter pour livrer passage à une troupe chamarrée, qui descendait la rue en sens inverse : c'était la première compagnie de mousquetaires.

On vit alors un jeune officier qui marchait en tête du premier peloton sortir tranquillement du rang. Très grand, le front haut, le nez un peu busqué, les yeux sombres mais brillant d'un éclat singulièrement vif, ce lieutenant de mousquetaires pouvait avoir vingt ou vingt-deux ans.

Laissant les soldats poursuivre leur chemin, il s'enquit auprès d'un bourgeois ahuri :

— Pourquoi ce monde, ce rassemblement?

— Oh! Monsieur, pour pas grand'chose, fit cet homme. Mais toute la ville a voulu voir ce matin Mlle de Balay, une fille noble de la région qui prend l'habit tout à l'heure, sans gaîté de cœur, au couvent des Ursulines dont vous voyez la porte là-bas.

Et il indiquait de sa main tendue un grand portail noir, troué d'un guichet grillagé, qui élevait sa masse sombre à quelque distance de là.

— Tiens, tiens, curieuse affaire, murmura le lieutenant entre ses dents. Et il s'éloigna. Il n'avait pas fait quelques pas qu'il rebroussait chemin et, se joignant à la foule, montait lui aussi, l'air absorbé, vers le couvent, à la stupéfaction des gens qui l'entouraient.

On laissait entrer qui voulait. La chapelle des Ursulines fut bientôt pleine à craquer. La cérémonie commença. Tous les assistants pouvaient voir la novice, agenouillée dans l'enceinte du chœur, vêtue de la traditionnelle toilette de mariée. Ses traits étaient durcis, comme figés dans une expression anxieuse. Cependant, après un sermon d'un jésuite de Lons, Mlle de Balay, d'une voix qu'elle parvint à raffermir, prononça entre les mains du curé de Dôle, qui officiait, des vœux qui l'engageaient pour un an.

Un silence absolu régnait dans la chapelle quand la future religieuse dit, lentement, les paroles irrévocables. Tous les habitants d'Arbois, debout, étaient pétrifiés, retenaient leur souffle. C'est à peine si quelques-uns remarquèrent alors l'émotion étrange qui, visiblement, étreignait le lieutenant de mousquetaires dont la présence avait d'abord surpris, puis auquel on n'avait plus prêté attention. Un instant, il dut se retenir d'une main à une balustrade pour ne pas tomber; son visage étant d'une pâleur inouïe et reflétait l'indignation qu'il éprouvait à voir une jeune fille enfermée de force entre les quatre murs d'un cloître. Après les vœux, la prieure et la sous-prieure firent sortir la religieuse quelques instants, puis rentrèrent avec elle dans le chœur après l'avoir revêtue de son nouveau costume. Devant le clergé, elles lui rabattirent sur la tête le long voile noir; des voix claires psalmodièrent les derniers versets. Puis, le long cortège des Ursulines s'écoula lentement, passant une porte de chêne qui faisait directement communiquer le chœur de la chapelle avec les bâtiments de la communauté. La lueur des cierges que tenaient à la main chaque religieuse formait un long cordon vacillant. A la suite de ses nouvelles sœurs, Mlle de Balay, restée à genoux au pied de l'autel, se leva et franchit la porte qui la séparait du monde : c'était fini...

Les assistants avaient tous quitté l'église; deux sœurs sacristines éteignaient les cierges;

Un instant, il dut se retenir d'une main à une balustrade.

un parfum douceâtre de cire flottait dans l'air. Brusquement, l'officier, immobile dans le fond de la chapelle, crut sortir d'un rêve et s'aperçut qu'il était seul. Il sortit. Sa résolution était prise.

Une cour plantée d'arbres séparait la chapelle du grand portail de la rue. Au lieu de la franchir pour s'en aller, il s'en fut droit à une porte, munie d'un tour, par laquelle on accédait au parloir du couvent. Il laissa tomber le marteau; une tourière parut.

— Ma sœur, déclara-t-il, excusez mon indiscrétion. Je suis un proche parent de Mlle de Balay qui vient de prononcer ses vœux ici. Je n'ai pu la revoir avant aujourd'hui : j'arrive ce matin même de Bourg avec ma compagnie. Me serait-il possible de lui dire adieu?

La tourière s'inclina sans répondre et disparut. Quelques instants plus tard, elle venait chercher l'officier et l'introduisait dans le parloir du couvent. C'était une grande pièce lambrissée, propre et nue, meublée de chaises grossières et d'une table en bois noir, sur laquelle était placée un grand Christ d'ivoire, seul ornement de ce lieu austère.

Presque aussitôt une porte s'ouvrit. Mlle de Balay était devant l'étrange visiteur. Que se dirent-ils pendant cette entrevue? Les bourgeois d'Arbois se le demandent encore; mais, ce qu'ils apprirent avec stupeur, quinze jours plus tard, c'est que Mlle de Balay sortait du couvent et était fiancée au lieutenant inconnu qu'ils avaient remarqué dans le fond de la chapelle, le jour de la prise d'habit...

***

Cet homme qui avait tenté cette démarche d'une audace extraordinaire, inventant un lien de parenté imaginaire pour être introduit près de la novice, était le futur général Malet.

II

Le lieutenant Malet avait montré par ce mariage inédit, l'aplomb et la promptitude d'action qui caractérisèrent toute sa vie. Tel il apparut alors, tel il restera pendant toute sa carrière, intelligent, esprit frondeur, très ambitieux, éprouvant par-dessus tout le besoin de faire parler de lui, de faire du bruit.

Nous ne suivrons pas Malet pendant la période où il conquit, bravement d'ailleurs, ses grades militaires. Enthousiaste du mouvement révolutionnaire, il fut, en 1790, élu commandant de la garde nationale de Dôle. Il fit campagne ensuite à l'armée du Rhin avec les soldats de l'An II, passa à l'armée des Alpes, sous le commandement de Kellermann et devint général de brigade en 1799.

La France vivait alors des jours mémorables. La Révolution, triomphante à l'intérieur et à l'extérieur, avait dompté, en les supprimant, ceux qui voulaient entraver sa marche, avait rejeté au delà des frontières les ennemis de la République. Le pays, saturé d'horreurs et de sang, voulait maintenant de la gloire; Hoche, Moreau, Masséna en avaient acquis, certes, en promenant au delà du Rhin et des monts les trois couleurs victorieuses, mais il en fallait davantage; et tous sentaient qu'un homme allait surgir qui conduirait la République vers des destinées plus sublimes encore.

Cet homme vint; c'était Napoléon Bonaparte, et la nation vit se réaliser ses rêves de gloire et de grandeur.

Le futur conspirateur qu'était le général Malet ne devait pas tarder à montrer une attitude hostile vis-à-vis de celui qui allait tenir dans sa main, pendant quinze ans, le sort de l'Europe. Son ambition fut-elle aigrie par la fortune rapide et brillante du premier Consul? Ses opinions révolutionnaires furent-elles choquées par l'avènement prodigieux du Corse? En tout cas, Malet ne cacha pas ses sentiments, ne retint pas sa langue, ce qui le fit reléguer par

Napoléon d'abord à l'armée d'Italie, puis en Vendée, où il obtint un commandement.

C'est là qu'une ironie du sort lui fit surprendre et déjouer un complot ourdi contre le gouvernement et lui fournit l'occasion de faire preuve de flair et d'habileté. L'affaire était liée à celle du fameux Georges Cadoudal, dont l'agence royaliste d'Angleterre voulait faire coïncider le coup de force à Paris avec un soulèvement en Vendée. Sous la direction de Malet, des recherches adroites et rapidement menées, firent découvrir dans plusieurs villages de Vendée de grandes quantités de plomb et de moules à balles cachés par les conspirateurs monarchistes.

Mais ce zèle parut suspect en haut lieu. Les antécédents de Malet, ses propos très libres, ses relations avec quelques personnages louches pendant cette même affaire des plombs impressionnèrent le ministre de la police générale. Le général fut mis à pied au début de l'année 1805.

Rentré en grâce en 1806, pourvu d'un commandement en Italie, Malet est de nouveau en France en 1807. C'est à cette époque qu'il semble avoir réfléchi à ses premiers projets de conspiration. Décidément, il brûlait du désir de se faire un nom, d'être célèbre : pour cela, tous les moyens étaient bons.

*
**

Du conspirateur, Malet avait toutes les qualités, mais surtout l'audace, la rapidité de conception et d'exécution, qui font parfois aboutir les entreprises les plus téméraires.

Et, certes, c'était un projet téméraire que de s'attaquer directement au régime, en un temps où la plus légère opposition était impitoyablement châtiée, sitôt découverte. L'Empereur, très défiant, était servi par une police discrète, nombreuse et adroite, entièrement dévouée au ministre Fouché.

Les vues du général étaient-elles bien nettes, lorsqu'il rentra à Paris en 1807 ? Il ne semble pas. C'est ainsi qu'il se lia, très vite, avec trois individus nommés Demaillot, Bazon et Corneille, agitateurs politiques qui avaient travaillé autrefois dans le Jura, tandis que Malet faisait campagne à l'armée du Rhin. Peu après, il entra dans un comité dit le Comité du Bourg-l'Abbé. Une cinquantaine de républicains le composaient, qui croyaient tous à la durée éphémère de l'Empire et appelaient de leurs vœux l'ère bienheureuse qui, avec la République, ramènerait la liberté.

Ils l'appelaient, mais ne paraissaient guère préoccupés de hâter sa venue. Enfin, au début de l'année 1808, la situation fut jugée favorable par le Comité. Les conspirateurs avaient gagné à leur cause de nombreux sénateurs libéraux. L'affaire aurait lieu à la fin de mai : Un sénatus-consulte avait été fabriqué de toutes pièces, nommant Moreau et Carnot président et vice-président du gouvernement provisoire. La Fayette et Masséna devaient commander, le premier les gardes nationales, le second l'armée de Paris. Enfin le Comité comptait beaucoup sur une idée lancée par Malet et qui déclencherait tout : l'annonce brutale de la mort de l'Empereur, alors aux armées, accompagnée de vibrants appels au peuple.

Mais, en réalité, tous ces plans avaient été élaborés à la hâte, par des idéalistes. Malet, qui n'avait pas eu la direction du complot, regarda les choses en face et se rendit compte que le moment n'était pas venu d'agir. Il fit acte d'autorité :

— Vous n'aboutirez à rien, déclara-t-il, à

une assemblée qui réunissait les têtes du Comité du Bourg-l'Abbé. D'abord trop de gens ont été mis au courant. Une affaire de ce genre se mène avec des hommes résolus, mais peu nombreux. Or vous ne disposez que d'un troupeau de songe-creux, de beaux parleurs qui failliront à l'instant décisif. Il faut se réserver et agir plus tard.

Ce discours énergique fit une grosse impression et l'on décida de surseoir. Malheureusement, une indiscrétion d'un complice de Malet, le général Guillaume, porta à la connaissance du préfet de police Dubois la nouvelle de la conspiration avortée. Dubois voulut étouffer l'affaire; mais, de son côté, l'Empereur avait été averti par des agents secrets :

— Ayez l'œil sur ce mauvais sujet de Malet, écrivit-il au préfet de police, et faites cesser au plus vite et sans éclat tous ces tripotages.

En 1809, après une instruction qui traîna en longueur, un décret impérial déclarait prisonniers d'Etat Malet et la plupart des complices de la vague conspiration de l'année précédente. Le plus grand nombre des détenus fut libéré en 1810, mais on ne relâcha pas le général

*
**

Quelle ne dut pas être sa rage de se voir impuissant, les mains liées, avant même d'avoir conçu un plan sérieux et arrêté un complot digne de ce nom! Evidemment, il s'était trop pressé en arrivant à Paris, s'était abouché avec n'importe qui. Il aurait dû — il le comprenait maintenant — agir seul, ou presque, entouré seulement de quelques amis dévoués.

Son échec et sa réclusion n'abattirent ni son courage, ni sa résolution. Il était enfermé, soit. Un jour ou l'autre, il sortirait de prison, son idée en tête, et il réussirait.

Les jours, les mois passèrent. Malet, d'abord détenu à la prison de la Force, fut transféré à Sainte-Pélagie. Il résolut d'abord de prouver son innocence et de se faire prendre en pitié. Il accabla de lettres, de pétitions, de rapports, l'Empereur et les ministres, protestant de sa bonne foi — on l'avait entraîné malgré lui, assurait-il — de son dévouement absolu à Napoléon, énumérant longuement ses services antérieurs.

Derrière cette façade, le pétitionnaire gardait

toujours obstinément l'idée d'un complot. A la fin de mai 1809, il crut avoir trouvé. Mais, alors qu'il eût dû songer à l'indiscrétion du général Guillaume qui l'avait perdu l'année précédente, il eut l'imprudence de mettre au courant de ses projets un aventurier du nom de François Sorbi, détenu avec lui à Sainte-Pélagie.

— Tout est prêt pour le 29 juin, avait déclaré Malet à son compagnon. Aidé par des amis, je file d'ici, au moment même où, à Notre-Dame, se chantera le *Te Deum* d'actions de grâces pour la prise de Vienne. Le temps d'endosser mon uniforme dans une maison sûre, où je retrouve deux voltigeurs avec un tambour et un drapeau et je tombe sur le parvis au milieu de la foule. Je crie : « Bonaparte est mort! A bas les Corses! A bas la police! Vive la liberté! » Des pelotons de soldats que j'ai pu gagner sont là, tout prêts : les portes de Notre-Dame sont aussitôt gardées; les autorités sont enfermées et je nomme un gouvernement provisoire.

Sorbi, individu lâche et bas, n'eut rien de plus pressé que de faire connaître ce projet au ministre, afin de gagner ses faveurs.

Un complot aussi fantastique dut faire sourire Fouché. Aussi bien, le ministre de la police générale n'envoya-t-il pas le général dans une prison d'Etat. Personne ne prenait au sérieux les facéties de Malet. En 1810, le détenu, jugé déséquilibré, fut transféré sur sa demande dans une maison de santé dirigée par un docteur nommé Dubuisson.

Malet s'y trouva fort bien. La maison Dubuisson était une manière de pension de famille. Sans doute la société qu'y fréquentait le général était un peu trop aristocratique à son gré. Mais le régime était si agréable! Malet ne se lia véritablement qu'avec un prêtre, l'abbé Lafon. Assuré, cette fois, de la discrétion de cet ecclésiastique, il lui fit part de ses intentions, de l'idée arrêtée qu'il avait de renverser le gouvernement impérial; et c'est là, dans le calme de la maison Dubuisson, que s'ébaucha lentement le complot le plus étrange du monde, la grande conspiration de Malet.

III

En ce printemps de 1812, la France commençait à supporter péniblement le joug de l'Empire. L'homme qui l'avait faite victorieuse et maîtresse de l'Europe, la harcelait maintenant par son désir insensé de conquêtes. La France d'Austerlitz et de Wagram avait payé cher ces lauriers. La grande armée, toujours égale à elle-même, n'était jamais la même. Aux plus grands soirs d'apothéose, le champ de bataille était également couvert de sang français et de sang ennemi. Il fallait à chaque printemps combler les vides qu'avait creusés le canon autrichien. Il fallait livrer en pâture à la gloire le plus pur de la race.

Peu à peu, l'Empereur avait quitté son auréole de dieu. Et voici que maintenant courait de bouche en bouche un affreux surnom; Napoléon était devenu l'ogre. Le pays avait bien consenti à se saigner pour faucher des lauriers, mais à présent que l'ambition et les maladresses d'un homme déchaînaient la campagne de Russie, se dressait en face du tyran la volonté de la nation. Ni la redingote grise, ni le petit chapeau, ni le clinquant des parades n'avaient suffisamment engourdi, les berçant de mirages et de satisfactions d'amour-propre, l'esprit d'indépendance et la soif de liberté que le peuple français avait appris à connaître depuis 1789.

Napoléon, né de la Révolution, ne pouvait se maintenir que par ses doctrines. En faisant claquer au vent de l'Europe les trois couleurs de prairial, il affermissait son trône. En s'alliant aux empereurs légitimistes, en ne bataillant plus que pour la gloire de l'aigle qui surmontait insolemment ses étendards, il perdait peu à peu tout son prestige. Les fils de France partaient se faire tuer à la Moskowa parce que le tsar avait refusé de donner au Corse Bonaparte une princesse russe en mariage. Les fils de France partaient de tous les villages d'un pas ferme et sans gémir, par un atavisme de bravoure et d'enthousiasme, mais, dans les foyers désertés, loin des fanfares et des vains héroïsmes, couvait une haine sourde et implacable.

Dans cette houle encore impondérable, dans cette réaction inavouée par crainte de la farouche police impériale, une conspiration paraissait devoir trouver un terrain bien favorable. Il n'y avait pas que le peuple qui grondait. Les têtes elles-mêmes flanchaient. Dans l'entourage de l'Empereur, les maréchaux, les généraux, les diplomates, hommes comme les autres, se lassaient, maintenant qu'ils avaient reçu leurs salaires, leurs titres et leurs chamarrures, de ne jamais avoir un instant de répit pour profiter de leur fortune.

La guerre succédait à la guerre; un traité n'était qu'un prétexte à un nouveau conflit; une trêve était une préparation de campagne. La vie n'était plus possible, aux trousses de ce petit homme halluciné et gâté par le sort. Et cependant, tous, ils l'auraient peut-être suivi jusqu'à mourir, si la Providence, lassée la première, semble-t-il, de tant d'orgueil et de tant d'hécatombes n'avait fait disparaître du ciel de l'Empereur l'étincelante étoile d'Arcole et de Rivoli.

*
**

Malet, libéré de sa geôle, comprit mieux que personne l'état d'esprit populaire. Il assista à la grande parade qui dans la cour du Carrousel marquait le début d'une nouvelle campagne. Perdu dans la foule des badauds, il vit l'Empereur, sous l'arc de Triomphe passer en revue la Garde. Et cependant qu'autour de lui, les bourgeois, notaires et bons gros marchands des quartiers riches, acclamaient le passage des clairons et des musiques, il demeurait calme, sachant bien que cette poignée d'hommes électrisés, ces quelques soldats en grande tenue, n'avaient rien de commun ni avec le peuple de France, ni avec la Grande Armée.

Le surlendemain, l'Empereur partait. Pour la première fois peut-être, Paris sentait un vide. Et pourtant, un aiglon était né dans le nid. Mais ce gros bébé blond, fils d'une Autrichienne, était pour la solidité de l'Empire, un symbole plus qu'une force. Marie-Louise est régente dans le palais des Tuileries. Et cette idée envahit Malet : Comment l'Empereur a-t-il osé laisser la Constitution en des mains aussi fragiles, pour aller batailler dans les steppes glacées de l'interminable Russie?

L'abbé Lafon et Malet s'étaient installés dans une petite maison du quartier Saint-Gervais et là, se disposaient à mettre leur plan à exécution. Ils n'avaient pas encore d'idées très arrêtées ni de complices bien définis. Ils n'avaient pu jusqu'alors gagner à leur cause qu'un jeune bachelier en droit nommé Boutreux et un caporal de là garde de Paris, ami de Boutreux, répondant au nom de Rateau. Ces deux jeunes gens, par désir d'argent ou d'avancement. assurèrent Malet et l'abbé de leur complet dévouement. Il n'était pas regrettable aux yeux du conspirateur de compter à ses côtés un apprenti juriste et un soldat, si modeste fût-il, qui, l'un par sa connaissance de la Constitution, l'autre, par ses notions sommaires d'organisation militaire, pouvaient donner plus d'un avis.

Au reste ces deux hommes n'étaient pas sans finesse. Boutreux, de famille bretonne aisée, avait dû, par suite de revers de fortune, abandonner des études sérieusement commencées.

Son éducation et sa culture premières étaient réelles, son bon sens sûr. Rateau était un de ces soldats entrés dans l'armée par amour du métier, à une époque où il n'était pas permis à un fils de paysan de devenir officier. Il avait pleinement et complètement les qualités que l'on réclame à la caserne, sans plus. Mais, son désir d'autorité sans jugement, sa croyance passive en la hiérarchie, son enthousiasme sincère mais dénué de réflexion, faisaient de lui un merveilleux agent de conspiration, celui qui va de l'avant, sabre au clair et, le plus souvent devient le dindon de la farce.

Lorsque l'abbé, l'étudiant et le caporal se réunissaient autour de Malet, c'était pour dire et redire les mêmes choses : « Un de ces jours, il faut que nous lancions dans Paris le bruit de la mort de l'Empereur; qu'à la faveur du désarroi, nous émeutions tout un quartier; que nous marchions sur l'Hôtel de Ville. » Et les choses en restaient là. Boutreux avait élaboré un projet d'annexe à la Constitution, instituant Malet lieutenant-général de l'Empire jusqu'à la majorité du roi de Rome, formule adroite pour préparer le retour de la République, auquel rêvait Malet.

... L'abbé, l'étudiant et le caporal se réunissaient autour de Malet...

Quant à Rateau, il avait attaché beaucoup d'importance à la préparation de sa tenue étincelante de capitaine aide de camp, qu'il devait endosser au matin du grand jour.

***

Malet encourageait fort ses complices dans des sentiments aussi dévoués, mais il en vint vite à comprendre qu'il lui fallait d'autres gens pour renverser Napoléon Ier.

La générale Malet avait conservé, en dépit des bouleversements d'existence qu'elle avait subis, une mentalité de petite bourgeoise d'Arbois. La mêler à un complot, en faire un instrument utile d'une intrigue quelconque, eût été absolument superflu. Et Malet songeait plus d'une fois qu'il est bien pénible de ne pas être secondé par une femme. L'abbé Lafon était, malgré sa haine pour Bonaparte, un conspirateur modéré, de par son état d'ecclésiastique, reculant devant toute action violente, méprisant le mensonge et la fourberie indispensables pourtant à tout coup d'Etat.

Il fallait à tout prix englober dans l'affaire d'autres gens plus énergiques, plus notoires; s'en faire des complices ou les compromettre, peu importait; puis enfin s'assurer de sérieux appuis.

Malet fut étrangement servi par le hasard, qui est le véritable agent de tout bouleversement politique.

Un jour, alors qu'il sortait d'une réunion avec ses trois collègues, où, une fois de plus, il venait de constater la médiocrité de son entreprise, il reçut une lettre le convoquant d'urgence à la Préfecture de Police, pour mise en règle de ses papiers. Depuis plus de cinq ans qu'il courait de prison en prison, il était catalogué comme citoyen sans domicile fixe et l'autorité préfectorale éprouvait le besoin d'avoir de plus amples renseignements sur les faits et gestes de ce personnage, assez inquiétant par ailleurs et qu'on avait libéré par lassitude.

Loin de se montrer agacé par l'arrivée d'une telle lettre, Malet accueillit avec allégresse le papier au timbre de la Préfecture. C'était pour lui l'occasion de franchir l'enceinte d'une grande administration de l'Etat, et, pour un conspirateur, tous les moyens sont bons pour parvenir au saint des saints. On ne sait jamais ce qui peut arriver.

De fait, il n'arriva que des choses presque

— *Veuillez m'annoncer directement au ministre.*

inespérées. Malet, sur présentation de sa lettre, fut introduit dans l'antichambre du chef de cabinet du duc de Rovigo, ministre de la police impériale. On le pria d'attendre. Il s'assit près de l'huissier, ne perdant pas un geste, pas un mot qui put être fait ou prononcé en sa présence. Un planton de la place entra portant le courrier du ministre, qu'il déposa sur la table de l'huissier. Malet attendait toujours.

Tout à coup, il se leva, comme impatienté, et s'approchant de l'introducteur à chaîne, lui dit :

— Puisque M. le chef de Cabinet me fait attendre, veuillez m'annoncer directement au ministre. Je ne suis pas ici pour faire antichambre.

— Mais, Monsieur...

— Annoncez tout simplement à votre maître le chef d'Etat-major de M. le Prince de Wagram. Il y a extrême urgence.

L'huissier bafouilla des excuses et se précipita sur la porte capitonnée. Quand il reparut dans l'antichambre pour céder la place à l'auguste visiteur, l'auguste visiteur avait disparu ; le courrier aussi...

IV

Cependant qu'au ministère de la police, l'huissier, après avoir cherché l'intrus dans tous les couloirs étouffait maintenant l'affaire pour ne pas être déclaré responsable du vol, Malet regagnait en paix son logis. Il se mit en devoir de dépouiller toute la correspondance si adroitement subtilisée ; il tomba dans un amoncellement de requêtes, de rapports, de circulaires, papiers à signer : tout le fatras ordinaire qui vint, de tout temps, s'abattre journellement sur les bureaux de ministres.

Déjà il regrettait de s'être si inconsidérément compromis, lorsqu'une petite lettre cachetée attira son attention. A l'intérieur, étaient tracés des mots, d'une petite écriture fine : « Mon cher duc, c'est cette semaine qu'il vous faut veiller.

M. de N... est dans nos murs. Il a passé la nuit au Palais. A vous de saisir l'oiseau au nid. Bien vôtre. Talleyrand. »

Enfin ! il était bien payé de son audace. Ce bout de papier griffonné se présenta immédiatement à ses yeux comme un document de première importance. Il n'avait, certes, aucune idée de la valeur du contenu, de l'identité de M. de N... ; cependant, un message de Talleyrand au préfet de police, aussi succinct et aussi plein de sous-entendus, ne pouvait que cacher une grande affaire. Une lettre autographe de l'ancien ministre des relations extérieures prouvait suffisamment que le cas était en dehors des rouages administratifs et qu'un secret — nous dirions un cadavre — était entre le prince de Bénévent et le duc de Rovigo.

— Et pourquoi n'y aurait-il pas un tiers dans le complot ? se dit Malet en ricanant.

Une demi-heure après il jetait à la poste cette lettre : « A son Excellence Monseigneur le duc de Rovigo, ministre de la police impériale.

» Monseigneur,

» Un homme dévoué et qui, par le hasard

des choses, est heureux de pouvoir vous offrir ses loyaux et modestes services, vous avertit respectueusement que vous avez tout à craindre de de N... Je serai ce soir à quatre heures près de la boutique 32, du Palais-Royal, portant jaquette bleue et chapeau gris. Nous y verrons sans doute ensemble d'étranges choses.

» ALMET,
» *Officier réformé, chevalier de la Légion d'honneur.* »

Et le même soir, il écouta, avec un sourire sceptique, l'abbé, Boutreux et Rateau lui exposer avec volubilité les rapts qu'ils avaient faits dans la journée parmi les équipements militaires, parmi les papiers à en-tête et les conquêtes qu'ils venaient de s'assurer dans le personnel des valets, des va-nu-pieds et des apaches.

⁂

Charles-Maurice de Talleyrand-Périgord, prince de Bénévent pouvait se vanter d'être un homme unique. Cet aîné de grande famille, destiné aux ordres par suite de son infirmité — il boitait assez fortement — était, à dix-sept ans, évêque d'Autun. Sans vocation, sans scrupules, ambitieux et débauché, il devait trouver dans la Révolution l'occasion de faire sa carrière. Il fut le premier à demander l'abolition des privilèges, et gonfla ses discours des mots vagues et sonores d'égalité et de fraternité. Et pour célébrer, le 14 juillet 1790, sur le Champ-de Mars, la messe de la fête de la Fédération, pour affirmer devant Dieu la foi et la confiance du pays en des destinées meilleures, c'est cet homme qu'on choisit.

Au début, la Révolution le déçut quelque peu et, pour fuir la Terreur, il dut passer en Amérique. Mais le Directoire, période favorable par sa nature même au jeu des intrigues, ramena en France cet indésirable citoyen. Bonaparte avait besoin de gens de cette trempe. Il fit de Talleyrand son ministre des relations extérieures. En présence du pape, à Notre-Dame, l'ancien évêque d'Autun, hérétique et excommunié, portait le jour du sacre, à deux pas de l'Empereur, le globe de Charlemagne.

L'Empire en semblant se stabiliser le décevait à son tour, étrangement. Il n'était pas l'homme des situations égales, des régimes politiques sans secousses. Il avait trouvé dans l'ambition immodérée de l'empereur un prétexte unique à contrecarrer ses projets en se posant comme champion de la prudence et de la paix. On ne contrecarrait pas les projets de Napoléon. Ayant déconseillé la guerre d'Espagne, Talleyrand fut purement et simplement destitué de son ministère. C'était peut-être ce qu'il désirait. Il avait désormais les coudées franches pour combattre en coulisse les desseins du gouvernement.

Il ne savait pas au juste où il voulait en venir. L'ancien évêque constitutionnel ne songeait sans doute pas encore en 1812 à servir la politique de Louis XVIII, mais toutes les occasions lui semblaient bonnes pour discréditer le régime impérial.

⁂

C'est un traité politique entre la France et l'Autriche qui avait fait de Marie-Louise l'épouse de Napoléon. Elevée dans la haine de la Révolution et de l'Empire, cette enfant de dix-sept ans s'était vue un jour, parce que son père avait été vaincu, destinée à devenir impératrice des Français. Une femme plus intelligente qu'elle, moins volage et moins inconséquente, eût peut-être su jouer un rôle auprès du parvenu et régner avec éclat sur une cour improvisée. Mais, à Paris, au milieu des acclamations sincères qui saluèrent son arrivée, son mariage et la naissance du roi de Rome, elle demeura une princesse autrichienne, futile et bornée. On l'eût presque excusée de prendre une attitude de belle captive. Elle ne sut être ni digne ni résignée.

Connaissant les sentiments de sa souveraine, le peuple de France était accessible aux médisances faciles et classiques qui courent invariablement sur le compte des couples royaux mal assortis.

La naissance du roi de Rome, fils de cette petite fille et de cet homme de quarante ans, ne fut pas pour mettre fin aux murmures. Il y avait quelqu'un aux Tuileries tout prêt à condenser les accusations, à leur donner une forme concrète : Talleyrand.

Cette petite révolution de palais était, pour l'homme qui avait mené pendant dix ans la diplomatie européenne, un jeu de diplomate. Anéantir dans le roi de Rome l'avenir de l'Empire et toutes les espérances d'un empereur déjà vieux, quelle merveilleuse machination mondiale !

Marie-Louise était trop bête pour parer à l'intrigue et même pour en deviner les premières attaques. Elle accueillit tout naturellement dans son intimité le général Albert-Adam de Neipperg, jadis aide de camp de son père, avec qui elle avait passé quelques années de sa jeunesse.

Neipperg était l'homme qu'il fallait : le jeune officier infatué de sa personne, de son uniforme et de son nom, l'élégant cavalier, grisé facilement de modestes conquêtes et qui ne trouvait point présomptueux d'espérer les sourires d'une impératrice : en un mot l'amoureux stupide et sentimental.

Deux fois il était venu à Paris depuis le mariage de Marie-Louise, s'étant fait donner par l'empereur d'Autriche des missions plus ou moins vagues. Mais si sa présence à Paris, en temps normal, ne prêtait pas à commentaires, elle pouvait au contraire paraître fort surprenante à un moment où l'Empereur était à six cents lieues de là.

Il s'agissait donc pour Talleyrand de faire revenir le soupirant. Une vaste intrigue s'organisa contre l'honneur de l'Empereur. M. de Talleyrand en était le grand ordonnateur et, comme il connaissait mieux que quiconque, les états d'âme, les ambitions, les rivalités de toute la cour et de toute la ville, il aboutit sans tarder à distinguer un homme qui pourrait lui être d'un bien grand secours. C'est ainsi qu'il traîna sa claudication dans les couloirs du ministère de la police où régnait René Savary, duc de Rovigo.

Savary était fidèle à l'Empereur. Il lui gardait, ce qui était rare, parmi toute la récente noblesse impériale, une reconnaissance fort sincère. Il avait été son compagnon à Arcole et à Rivoli; il avait profondément admiré son audace calme et son sens politique; il avait su n'être que duc sans jalouser l'Empereur.

Talleyrand ne pouvait pas présenter à un tel homme son projet d'anéantissement de l'Empire. Mais il avait d'autres cartes dans son jeu. Marie-Louise, en arrivant à Paris, pleine de morgue, avait regardé de haut tous les anciens compagnons de l'Empereur. La tête farcie de principes surannés, elle ne pouvait comprendre la beauté de cette noblesse nouvelle gagnée sur les champs de bataille de l'Europe. En Habsbourg qu'elle était restée, elle n'avait que mépris pour des princes de Wagram, d'Essling, d'Auerstaëdt.

Rovigo, fils de laboureurs rémois, avait pu, à la suite des armées de Bonaparte, acquérir la bravoure, l'esprit de commandement et l'art de mener les hommes. Mais, en dépit de sa couronne ducale, il était resté fils de petites gens. A ses côtés, la bonne Mme Savary, jadis mercière à Marseille, portait bien mal ses robes de duchesse.

Bref, Rovigo avait eu à souffrir dans son amour-propre de sourires de mépris de la nouvelle souveraine. Dans les réceptions, on l'avait mis plus d'une fois à l'écart; on l'avait oublié à deux ou trois bals. L'Empereur avait laissé faire, pour éviter purement et simplement des scènes de ménage. On ne pouvait donc desservir l'Empereur auprès de Rovigo, mais on pouvait lui dire beaucoup de mal de l'Impératrice.

Talleyrand dora donc la pilule au ministre de la police.

— L'affaire dont je vous entretiens est assez banale et sans grands risques. N'employons pas les grands mots de prestige de l'Empire, ou de dignité des souverains. Il s'agit simplement de rabattre le caquet de cette jeune pécore importée de Vienne. Depuis que l'Empereur est parti surtout, infatuée de son titre de régente, qu'il a bien fallu lui donner, elle ne cesse de faire des siennes. Sans vous rappeler les incidents de Mme Sans-Gêne, je vous dirai que presque toutes les femmes de maréchaux sont traitées avec un mépris croissant.

— Mais, l'Empereur?... interrompit Rovigo

— L'Empereur, mon cher duc, a un peu changé, lui aussi, depuis qu'il parle de son oncle Louis XVI. Et l'idée peut fort bien lui venir de forcer ses anciens compagnons d'armes à divorcer, puisqu'il en a lui-même donné l'exemple, pour épouser des grandes dames autrichiennes...

Il n'en fallait pas plus pour alerter Rovigo. Talleyrand le comprit fort bien et exposa ainsi son projet : Il s'agissait tout simplement de faire venir le petit Neipperg, de lui faciliter le séjour à Paris, l'entrée au Palais, et puis d'arriver un beau matin chez l'Impératrice.

— Vous voyez très bien la scène, Rovigo. En tant que ministre de la police, vous avertissez la régente qu'il est de votre devoir de mettre l'Empereur au courant de la présence dans la capitale et aux Tuileries d'un officier autrichien venu sans passeport en règle. La dame prendra peur, expliquera que c'est un de ses amis d'enfance et ne s'en compromettra que davantage. Bien que peu intelligente, elle comprendra, je l'espère que, moyennant certaines concessions faites à Mme la duchesse de Rovigo et à ses égales, le scandale pourra ne pas éclater.

Qui fut dit, fut fait. Sans autres acteurs que Rovigo et Talleyrand, la comédie se joua. Neipperg, toujours à l'affût d'un voyage à Paris, reçut un jour de l'ambassade de France à Vienne l'avis secret que l'on avait une mission de confiance pour lui à la cour de France. M. de Talleyrand avait, en effet, conservé plus d'une relation dans les ambassades et connaissait l'art des dépêches chiffrées. Neipperg était accouru à francs étriers, sans congé de son régiment. La partie était belle. Le soir de l'arrivée aux Tuileries du bel officier autrichien, le duc de Rovigo en était avisé par les soins délicats du prince de Bénevent.

C'est ce billet-là qui ne devait jamais parvenir à son destinataire.

V

— M. de N...? M. de N...? se demandait Malet avec énervement.

Il avait beau chercher, réciter mentalement l'almanach impérial, il ne trouvait pas. Est-ce qu'une belle découverte allait ne lui servir à rien? M. de N...? Evidemment, ce n'était pas le premier venu. Mais quelle était au juste son importance? Il ne le saurait que le soir : si M. le Préfet de police prenait la peine de se déranger et de venir au Palais-Royal, il est bien certain que l'affaire était grosse de conséquences.

Et dans ces conditions, ne réussissant pas à percer le moins du monde le mystère, Malet résolut de jouer le tout pour le tout et d'avoir l'air très averti.

Le soir, à quatre heures, vêtu de la jaquette bleue et du chapeau gris annoncés, il se promena sous les arcades du Palais-Royal. Aux moulinets intempestifs qu'il faisait avec sa canne, à ses mouvements brusques à l'approche de chaque nouveau passant, il était aisé de voir qu'il était fort énervé. Viendrait-il? ne viendrait-il pas? A quatre heures exactement, il se posta devant la boutique 32, une joaillerie très en vogue et parut examiner les pierreries avec le plus grand intérêt. Il tressaillit en apercevant à côté de lui un homme fort élégamment vêtu qui témoignait à l'étalage la même durable attention. Comme Malet n'avait jamais vu le duc de Rovigo, il était assez indécis. Il s'éloigna tout doucement de la boutique et feignit de faire les cent pas. L'homme demeura à son poste. Il revint près du joaillier, s'écarta à nouveau... Enfin, au bout de quelques minutes de ce manège, il allait se décider, mais il n'en n'eut pas la peine.

— Excusez-moi, lui dit le promeneur. Mais n'avez-vous pas été officier à l'armée d'Italie...

— Pas à l'armée d'Italie, riposta imperturbablement Malet. J'ai fait seulement la campagne de Wagram. Et depuis...

— Depuis vous êtes officier réformé?

— Parfaitement, répondit Malet, qui maintenant savait à quoi s'en tenir.

— C'est bien cela. C'est donc à une prise d'armes aux Invalides que j'ai dû vous rencontrer. Le capitaine Almet, il me semble.

— C'est cela même; il me semble en effet maintenant que je vous reconnais aussi. Mais j'ai oublié votre nom.

— Chef de brigade Béchard, annonça l'inconnu, en se présentant. Rayé des cadres depuis deux ans, maintenant attaché à la personne de M. le duc de Rovigo, préfet de la police impériale.

— Je suis ravi de vous retrouver, s'écria Malet. Vous avez un instant?

— Mais, certes.

— Voulez-vous que nous restions un peu à regarder passer les élégances?

— Volontiers.

C'était l'heure où le Palais-Royal devenait grouillant de gens à la mode. Au milieu, le parterre de la Rotonde se garnissait de jolies femmes et d'habits brodés. Malet et son interlocuteur s'y installèrent. Ils venaient de s'asseoir, lorsque le nommé Béchard, coupant, court à ces préliminaires innocents, sortit de sa poche la lettre de Malet et la posa sur la table, en disant simplement :

— Alors?

Sous le regard perçant qui le fixait, Malet crut perdre son calme. Il se ressaisit cependant pour déclarer :

— Eh bien! ainsi que cette lettre vous le prouve, je crois qu'il est grand temps d'agir. M. de N... — vous m'excuserez, n'est-ce pas, de ne pas prononcer le nom, nos voisins pourraient nous entendre — M. de N... est à Paris.

— Vous en êtes sûr sursauta l'autre.

— Absolument. Et non seulement il est à Paris, mais...

— Mais?

— Il est où vous savez.

— Où cela? fit le policier, méfiant malgré lui.

— Où vous savez, je vous dis, répéta Malet, comme lassé. Nous pouvons nous comprendre à demi-mot, que diable. Puisque vous l'exigez, je vais vous mettre les points sur les i.

— Où est-il?

— Pas à l'Opéra, bien sûr, ni à la barrière

du Trône. Allons, vous vous en doutez? De N... est au Palais.

Et à son vis-à-vis devenu vert, il ajouta doucement :

— Et il y a passé la nuit.

Malet avait merveilleusement dosé ses effets. Le coup de théâtre qu'il attendait se produisit. Béchard laissa passer sur sa figure les signes de la plus intempestive gaîté. Ce fut l'espace d'un éclair, qui avait suffi à Malet pour se rendre compte de la situation. Aussi était-il d'attaque, lorsqu'il entendit son compagnon, soudain calmé, lui demander :

— Mais qui vous a informé de cela?

— Pas M. de Talleyrand, bien sûr, ricana Malet, lâchant du lest.

Ce nom propre, le premier jeté dans la conversation, eut pour effet de prouver à Béchard à quel point Malet était sûrement informé. Il commençait d'avoir peur. et, perdant malgré lui toute sa réserve, il ajouta :

— Mais à quelle heure est-il arrivé aux Tuileries?

— Aux Tuileries? Mais... mais sans doute... à la tombée de la nuit, bafouilla Malet, ahuri de cette révélation.

— Et l'a-t-il vue?

— Qui cela?

— Elle!

— Elle? Sûrement, affirma le général, en se disant : « Bon, une femme, maintenant! »

Mais, jugeant qu'il en savait assez et qu'il avait besoin de réfléchir, il interrompit l'interrogatoire :

— Ecoutez, cher monsieur, nous haussons la voix depuis quelques instants. C'est très dangereux. Voulez-vous que nous reprenions cette conversation ce soir?

— C'est que...

— Si, j'y tiens. Rendez-vous dans le vestibule des Comédiens de l'Empereur, au second entr'acte.

— Soit, fit l'autre, à ce soir.

— A ce soir! Ne faites rien d'ici là.

Et le policier s'éloigna.

Malet, resté seul, se félicitait déjà d'avoir si bien su rouler d'habiles gens dans la farine lorsque, à la table voisine, il entendit plusieurs personnes qui s'étaient retournées au passage du chef de brigade Béchard échanger ces singulières réflexions :

— Avez-vous vu?

— Qui?

— Cet élégant qui vient de passer?

— Oui! Eh! bien?

— Vous n'avez pas reconnu? C'est le duc de Rovigo!

— Rovigo! Allons donc! répondit une élégante sceptique qui, se levant pour suivre des yeux l'incriminé, déclara bientôt :

— C'est ma foi vrai! Je ne savais pas qu'il aimât à se déguiser pour rôder au milieu du peuple...

***

L'affaire se corse, pensa Malet. M. le ministre de la police tient à venir en personne, mais il a peur d'être reconnu. C'est dire où je peux les mener. Evidemment, quand il s'agit des Tuileries...

Ainsi, du premier coup, il était, grâce au hasard, dans la place qu'il rêvait d'assiéger. Il se répétait à lui-même les phrases du policier. De N... est aux Tuileries... Est-ce qu'elle l'a vu?

De N... Elle... C'était très beau déjà de savoir cela, mais cela ne l'avançait guère. Il n'avait pas de chance de trouver dans le

Moniteur, parmi les audiences du Palais, le nom de ce visiteur qui arrivait par la petite porte. Et, connaître toutes les intrigues des femmes des Tuileries était un travail au-dessus des forces humaines... Certes, il pouvait négliger de passer en revue, dans cette affaire qui occupait personnellement le préfet de police, les dames de l'office et de la chambre. C'était donc dans l'entourage de l'Impératrice qu'*Elle* se cachait : dame d'honneur? princesse? ou bien... Malet fut lui-même effrayé de l'idée qui venait de l'envahir. Allait-il parler d'*Elle* maintenant, en mettant par la pensée une majuscule comme à Majesté.

— Ça, ce serait trop beau!

Mais il avait autre chose à faire qu'à se perdre dans ses rêves, alors que la réalité lui échappait.

Automatiquement, il se dirigea vers l'hôtel de Talleyrand.

Au valet de pied, il remit ce mot, griffonné en hâte sur une table de café :

« Monseigneur, si vous tenez à surprendre de N... avant qu'il ait quitté les T..., vous ferez bien de venir réveiller ce soir le duc de R... »

Talleyrand, prince des diplomates, perdit

pour une fois son sang-froid, et donnant un démenti à la maxime qui lui était chère : Il faut se méfier du premier mouvement, car c'est généralement le bon, talonné par la gravité de l'affaire, partit au grand trot de son carrosse vers la préfecture de police. Tout avait été calculé à une minute près. Le prince de Bénévent se fit annoncer chez le ministre à dix heures du soir au moment où le rideau tombait sur le second acte de *Britannicus* que Talma jouait ce soir-là à la Comédie-Impériale, en présence du duc de Rovigo.

Les couloirs de la préfecture de police retentirent du pas inégal et des imprécations de Talleyrand, qui se demandait s'il n'était pas pour la première fois de sa vie victime d'une plaisanterie. Et cependant l'auteur du mystérieux billet n'avait pas inventé la présence à Paris de M. de N...

— Où est son Excellence?

— Au spectacle, répondit le planton.

— Au spectacle! s'indigna Talleyrand. Le jour est bien choisi! Et pendant qu'il pleurniche sur des alexandrins, l'autre roule à marches forcées vers Vienne! Au spectacle!

Il redescendait l'escalier, lorsque, sous le

porche, à la portière de sa voiture, il aperçut un inconnu qui, aussitôt qu'il le vit, marcha vers lui.

— Monseigneur, je suis étonné que mes collègues de la police vous laissent repartir librement, contrairement à ce qu'ils avaient annoncé.

— Plaît-il?

— Sans doute M. le ministre a-t-il changé d'avis, mais comme je n'ai pas reçu de contre-ordre de sa part, je dois exécuter ma consigne...

— Qui est? trancha Talleyrand, arrogant et inquiet.

— Qui est de vous demander certaine lettre relative à M. de N... que vous devez avoir sur vous.

Talleyrand crut qu'il allait gifler le bonhomme. Mais que pouvait-il faire dans cette enceinte qui était peut-être vraiment hostile et dans laquelle il se trouvait pour conspirer.

— Je ne suis pas ce que vous voulez dire. Vous vous méprenez sans doute. Je suis le prince de Bénévent.

— Je le sais, Monseigneur, répondit l'inconnu.

— Eh bien? Votre excès de zèle peut vous coûter cher, mon ami.

— J'ai des ordres de quelqu'un d'assez haut placé pour pouvoir insister, Monseigneur.

Talleyrand était déjà dans sa voiture. D'une main fiévreuse, il saisit un papier de sa poche, le jeta au gêneur.

— Tiens, faquin! Et le carrosse sortit de la Préfecture.

⁂

Malet, qui s'était permis de barrer la route au prince de Bénévent, pendant que le duc de Rovigo l'attendait au foyer de la Comédie, savait fort bien qu'il ne tenait dans la main qu'un papier tout à fait insignifiant. Il n'avait nullement cherché à insister plus longtemps. Il voulait seulement inquiéter et intriguer Talleyrand. Celui-ci en effet, d'abord, heureux et stupéfait d'en être quitte à si bon compte, grâce à ce qu'il avait pris pour de la naïveté de la part du policier, s'en retournait, assez vexé au fond, inquiet de la trahison certaine dont il avait été victime et bien décidé à ne pas reparaître de quelques jours au ministère de la police.

— Et d'un, pensa Malet.

Restait Rovigo. Il était près d'onze heures, il n'allait pas tarder à rentrer à la Préfecture, Malet crut bon de l'attendre sous la porte.

Lorsque le carrosse du ministre arriva, le général se précipita.

— Monsieur Béchard! Monsieur Béchard!

Le préfet de police qui franchissait déjà la porte de son escalier, se retourna effaré.

— Monsieur Béchard, veuillez m'excuser! Un gêneur qui m'a retenu tard dans la soirée m'a empêché d'aller vous rejoindre à la Comédie.

Et au nez des valets de pied alignés devant le ministre, Malet prodiguait à ce dernier des témoignages de la camaraderie la plus franche, en l'appelant tour à tour « Commandant », « Béchard », ou « mon vieil ami ».

— Mais Monsieur... ripostait Rovigo.

— Quoi? Allons, vous n'allez pas ne pas me reconnaître, reprit Malet à mi-voix et avec un sourire qui en disait long.

— Suivez-moi, fit Rovigo.

Malet traversa les salons jusqu'au cabinet du préfet de police. Quand les deux hommes furent seuls, ils se regardèrent un instant. Rovigo rompit le silence.

— Enfin, Monsieur, quelle est cette plaisanterie?

— Je pourrais vous poser la même question, commandant Béchard, qui occupez avec cette désinvolture le bureau d'un ministre, contre-attaqua Malet.

— Oui, eh! bien, justement. Vous avez tort de vous jouer du duc de Rovigo.

— Le duc de Rovigo a tort de connaître M. de N...

— M. de N... M. de N... J'en ai assez entendu parler. Dites-moi ce que vous savez là-dessus et que tout soit fini.

— Que tout soit fini, ou... vous appellerez peut-être un piquet qui me mettrait en prison.

Puis, dépassant les limites de l'audace la plus éhontée, Malet s'asseyant sur un coin du bureau ministériel, conclut :

— Monsieur le duc, vous êtes bien trop intelligent pour me déclarer la guerre.

Et les paroles vagues, mais qui devaient porter néanmoins, émaillèrent à nouveau la déclaration du général.

— Monsieur de Rovigo, vous n'ignorez pas qu'en face de la police officielle de Sa Majesté, il y en a une autre, bien plus astucieuse que la première, soit dit sans vous choquer. Monsieur le ministre de la Police, vous avez eu tort de vous engager dans une affaire un peu épineuse. Je veux croire qu'en dehors de vous, du prince de Bénévent et de moi, personne n'est au courant de votre petite cuisine. Je le veux, et je le souhaite pour vous; comme pour moi, d'ailleurs.

Et ce fut la scène de marchandage classique, le donnant-donnant bien connu. Au bout d'une demi-heure d'entretien, Rovigo, énervé par les réticences de son dangereux interlocuteur, d'autant plus inquiet qu'il n'avait jamais voulu être très coupable, promettait d'oublier ses entretiens secrets avec M. de Talleyrand et de faire confiance à Malet. De son côté Malet promettait d'oublier ses entretiens secrets avec M. le duc de Rovigo et de se mettre corps et âme à la disposition du préfet de police.

C'en était fait; le ministre de Napoléon était à jamais livré aux caprices d'une conspiration.

VI

Qu'importait maintenant à Malet l'identité de M. de N... Il n'avait plus à s'arrêter à ces futilités et il était temps pour lui, grand temps, de faire ce qu'il avait jusqu'ici négligé : dresser un plan.

Par une audace inouïe, ou par une inconséquence déraisonnée — n'avait-il pas été interné de longs mois — il revint à sa première idée extravagante d'annoncer un beau matin la mort de l'Empereur et de s'emparer de Paris. Ensuite... ensuite? il n'y réfléchit pas une seconde. Mais ce qu'il y a de certain, c'est qu'il ne travaillait ni pour Louis XVIII, ni pour un ambitieux du jour, mais pour lui.

Eh! oui, cet halluciné rêvait purement et simplement à la faveur du trouble de la capitale, de s'installer aux Tuileries, une heure, un jour, que lui importait? Dans sa haine de l'Empire, il se consolait de sa défaite assurée en se disant qu'une fois le principe du renversement du régime adopté, il y avait quelque chance pour qu'on ne le rétablît pas.

Il se retourna vers ses premiers complices : l'abbé Lafon, Boutreux et Rateau, oubliés depuis quelque temps, furent à nouveau convoqués.

— Mes amis, leur dit Malet, si j'ai vécu loin de vous ces dernières heures, il ne faut pas m'en vouloir. J'ai fait du bon travail.

Et il leur conta sa singulière histoire.

— Votre intention est-elle, interrompit l'abbé Lafon, de laisser M. de Talleyrand à ses sombres réflexions?

— Point du tout, dit Malet. C'est un homme bien trop précieux et bien trop redoutable. Mais nous nous le gagnerons indépendamment de Rovigo, de même que nous possédons Rovigo sans que Talleyrand s'en doute.

— L'essentiel, dit Boutreux, est qu'ils ne se communiquent pas leurs impressions jusqu'à l'événement.

— Et pour cela, conclut Malet, il n'y a qu'à presser l'événement.

Les quatre complices n'allèrent pas plus loin ce soir-là. Malet leur donna rendez-vous au lendemain midi. Il y avait urgence, en effet, à ne pas laisser l'affaire traîner en longueur.

On était au début d'octobre. La campagne de Russie avait atteint son extrême limite. Moscou, après avoir ouvert ses portes à l'armée impériale, était devenu un vaste brasier. La sinistre lueur rouge du Kremlin en flammes éclairait les champs de neige. Et maintenant il allait falloir revenir : la fin piteuse de l'expédition était proche, la retraite de la Grande Armée, déjà décimée, dans les plaines glacées, interminables. Si on voulait frapper un grand coup en France, c'était à l'annonce des premiers désastres et avant le retour du maître...

Le lendemain, Malet se rendit à l'hôtel de Talleyrand. Il insista pour voir l'ancien ministre. Une fois introduit, il se planta devant le bureau.

— Monseigneur, me reconnaissez-vous ?

— Ma foi...

— Alors, ce papier vous dira quelque chose.

Et il tendit au prince le billet que celui-ci lui avait jeté la veille de la portière de son carrosse : une insignifiante supplique d'un diplomate besogneux.

— Ah! c'était vous! répondit seulement Talleyrand, s'efforçant d'être calme.

— Oui, c'est moi qui me postai sur votre passage sous la porte cochère du ministère de la police.

— Je n'ai pas encore très bien compris pourquoi, Monsieur? et je vous trouve étrangement audacieux d'oser vous présenter ici.

— Aussi bien, Monseigneur, n'est-ce plus en policier que je viens à vous. M. le duc de Rovigo, qui a reçu vos confidences relatives à M. de N...

— Plus bas...

— ... Et à son séjour aux Tuileries, ne manquera pas de travailler désormais pour son propre compte. Par fantaisie de policier, il m'eut été facile d'assister impartial, à cette lutte entre le ministre de la police peu averti mais bien en cour et l'éminent diplomate qui inspire une respectueuse méfiance. Eh bien! non. Je préfère, voyez-vous, travailler moi aussi de mon côté.

— Monsieur, j'ignore qui vous êtes et je ne tiens pas à le savoir. La petite scène que vous venez de me faire n'a nullement troublé l'atmosphère de ce cabinet, où se sont traitées pendant dix ans les affaires les plus graves de politique extérieure, entrecoupées des plus mesquines saynètes de chantage dans le genre de la vôtre.

Malet, totalement démonté par cette sortie, tenta un rétablissement.

— Chantage? vous vous méprenez fort, Monseigneur.

Et comme Talleyrand souriait, il haussa la voix :

— Et quand cela serait? Après tout, puisque je suis en possession du secret! puisque je connais vos intrigues de disgracié! puisque je sais tout!

— Que savez-vous? répliqua Talleyrand, en fixant Malet.

— Mais...

— Mais que M. de N..., me dites-vous, est au Palais. Eh bien! moi, je vais combler les lacunes de votre médiocre information. Sachez qu'il s'agit de M. de Neipperg, officier autrichien, venu à Paris sans l'autorisation de l'ambassade. Là, vous êtes fixé? Si j'ai un conseil à vous donner, mon jeune ami, c'est de ne pas parler plus longtemps d'une affaire qui, somme toute, n'a rien de bien secret et dont vous avez pu, malhonnêtement, sans doute, connaître l'existence ; c'est de ne pas venir donner de conseils au prince de Bénévent, qui, dans l'intérêt de l'Empire, met au net un point de politique européenne ; c'est de ne pas encourir plus longtemps la colère d'un ministre qui n'est peut-être pas aussi en disgrâce que vous voulez bien le croire.

De doucereuse et ironique, la voix de Talleyrand était devenue cassante. Il lança la dernière phrase à pleine voix, comme un cri de guerre. Malet aurait bien voulu être au milieu du Palais-Royal. Décidément, il n'était pas de taille à lutter avec M. de Talleyrand. Il ne savait où était le vrai et le faux, s'il avait devant lui un collaborateur de Napoléon ou un agent de Louis XVIII.

Mais il n'était pas au bout de ses peines. Le prince continuait :

— C'est moi, maintenant, mon petit monsieur, qui vais vous dire : Qu'est-ce que vous fabriquez dans les couloirs du ministère ? Qu'est-ce que vous espérez ? Qu'est-ce que vous complotez ?

— Mais, Monseigneur...

— Il n'y a pas de « Mais, Monseigneur ». Vous êtes un de ces Parisiens agités qui se disent que le calme politique a assez duré comme cela, qu'il y a toujours, lorsque l'on n'est rien, à espérer quelque chose au hasard d'une Révolution. Vous vous êtes dit, n'est-ce pas, que le désastre de Moscou avait énervé Paris, que l'Empereur était à l'autre bout de l'Europe, que la régente était un fantôme et que l'héritier était au berceau. Vous vous êtes dit que le moment était venu. Vous avez essayé de faire du feu vous-même et puis, comprenant rapidement, en dépit de vos grandes présomptions, que vous étiez incapable de faire flamber autre chose que de la paille, vous avez cherché de véritables incendiaires. Et l'idée vous est venue tout naturellement, n'est-ce pas, de gagner M. de Talleyrand sur qui circulent dans la ville les bruits les plus étranges ? Mon pauvre ami !

Et le prince de Bénévent partit d'un vaste éclat de rire. Puis, devant Malet toujours effondré, il poursuivit :

— Et si je vous faisais mener par mes gens à M. le ministre de la Police ? Une confrontation entre M. le duc de Rovigo, vous et moi tirerait peut-être l'affaire au net?

Avec sa clairvoyance surhumaine, Talleyrand avait deviné le petit manège auquel s'était livré Malet depuis deux jours. Impitoyablement, il insista :

— Acceptez-vous cette confrontation?

— C'est que, Monseigneur...

— Oui ou non? Ici on répond par oui ou par non.

Malet baissa la tête et fit un signe de dénégation.

— C'est parfait! Eh bien maintenant, vous allez me dire par quel moyen vous aviez songé à mettre hors la loi Sa Majesté l'empereur des Français, roi d'Italie?

Malet s'affolait.

— En vérité, Monseigneur, je n'ai jamais eu d'idée aussi précise. Je n'ai jamais...

— Bien. Très bien. Dans ce cas, Monsieur, je ne vous retiens plus.

Et il congédia son visiteur.

Malet se retrouva dans la rue, effaré d'être en liberté après ce qui venait de se passer. Quelques minutes après, Talleyrand partait en carrosse pour le ministère de la police.

— *Acceptez-vous cette confrontation?*

*
**

— Rovigo, dit le prince dans le bureau du ministre où il venait d'être immédiatement introduit, n'avez-vous pas eu connaissance tout récemment d'un étrange bonhomme, grand, maigre, âgé d'une cinquantaine d'années, d'allure assez vive? Ce serait un ancien officier que cela ne m'étonnerait pas. N'avez-vous pas reçu une visite ou une lettre de lui?

— Je ne vois pas, balbutia Rovigo, qui avait immédiatement pensé au capitaine Almet.

— Et au sujet de l'affaire Neipperg, vous n'avez rien su de nouveau depuis ma lettre?

— Quelle lettre?

— La lettre que je vous ai envoyée avant-hier.

— Avant-hier? je n'ai rien reçu.

— Alors, vous ne savez pas que Neipperg est aux Tuileries?

— C'est-à-dire... je le savais par... par ma police...

— Votre police? Elle est donc devenue bien clairvoyante? Mais ma lettre, où est-elle?

— Elle a dû s'égarer dans quelque bureau.

Je vais donner ordre de rechercher, s'excusa Rovigo, qui, toujours sous le coup des menaces de Malet, ne voulait pas se compromettre par un seul mot.

— Bon! Excusez-moi de vous avoir dérangé. Il n'y a rien de pressé du reste.

En sortant du bureau ministériel, Talleyrand réfléchit quelques instants dans l'antichambre; puis, s'adressant à l'huissier :

— Une lettre cachetée et adressée personnellement au ministre ne passe pas par les bureaux, n'est-ce pas?

— Jamais, Monseigneur. On la dépose sur ma table, je la transmets moi-même, fit cet homme.

— Et tu la transmets... toujours? insista Talleyrand.

— Toujours, Monseigneur.

— Tu n'as fait aucune exception, avant-hier, par exemple.

— Avant-hier? interrogea l'huissier à qui revenait en mémoire l'incident de la disparition du courrier, dont il avait, soigneusement, fait un secret par crainte d'une sanction.

Talleyrand cuisina tant et si bien le subalterne qu'il obtint un aveu.

— Et comment s'appelait le bonhomme disparu en même temps que les lettres.

— Le général Malet, Monseigneur, convoqué par le chef de cabinet pour mise en ordre de ses papiers d'identité.

— Va me chercher le dossier de cet homme, et relève l'adresse.

L'huissier revint au bout de quelques instants.

— Impasse Saint-Pierre. Mais Monseigneur, je suis un homme perdu...

Sans écouter les lamentations du bonhomme et roulant des idées d'autre envergure, le prince de Bénévent s'éloigna de son pas mal assuré.

⁂

Malet était rentré chez lui décidé à congédier ses trois complices lorsqu'ils se présenteraient. Il se maudissait d'avoir voulu trop bien jouer et maintenant, s'il n'était pas arrêté dans la semaine, il devrait s'estimer heureux.

On frappa à sa porte. Il ouvrit et, à sa grande surprise, il ne vit devant lui ni l'abbé, ni Boutreux, ni Rateau, mais un inconnu d'allure assez franche qui demanda :

— Le général Malet?

— C'est moi-même.

Et il pensa : sûrement, il vient m'arrêter.

Mais l'homme entrait, presque souriant et s'asseyait de la meilleure grâce du monde, comme s'il avait été chez lui.

— Général, lui dit-il, ma visite va sans doute vous étonner. Depuis longtemps, on a méconnu vos services. Il est navrant de voir combien un soldat dont la bravoure a été maintes fois constatée sur les champs de bataille de l'Europe est rapidement oublié. Conséquence du régime!...

— Mais .

— Et vous n'êtes pas le seul. Je suis bien placé pour le savoir. Si je viens chez vous, cher Monsieur, c'est, si j'ose dire, en tournée. Eh! oui, plusieurs personnes charitables et très fortunées qui désirent garder l'anonymat se sont données pour but de secourir les misères trop nombreuses qui ont payé la gloire impériale. Depuis bientôt deux ans, nous travaillons avec cœur. Pour vous donner une idée de notre œuvre, voici notre bilan de l'année 1811...

Et l'inconnu présenta à Malet une liste qui n'en finissait plus : « 25 octobre : à Mme la marquise de S..., disgraciée pour avoir visité l'impératrice Joséphine à la Malmaison... mille francs; à M. le baron de T..., privé de ses biens pour être resté en correspondance avec le comte d'Artois... mille francs; le 27 octobre : à M. P..., signalé à la Police pour ses sentiments républicains : huit cents francs, etc... »

— Vous voyez, poursuivit le visiteur que nous agissons sans aucun esprit de parti et que nous sommes de simples philanthropes. .

— Mais enfin, comment savez-vous?...

— ... Que vous étiez une victime? Oh! c'est bien simple, nous avons relevé votre nom au milieu de tant d'autres sur les listes d'officiers cassés et vos services nous ont paru singulièrement dignes d'une réhabilitation — ne serait-elle que ..

— Matérielle? acheva Malet.

— Je n'osais pas prononcer le mot: mais, général, il n'y a pas de honte pour un héros à accepter ce que nous considérons comme le montant d'une dette.

Et la conversation mise sur ce terrain aboutit à l'acquiescement de Malet à une donation de quinze cents francs.

Le conspirateur, à la tête de cette somme, reprit du courage. Conspirateur, il l'était dans l'âme et chaque renouveau de son activité, chaque éclaircie de son cerveau s'épanouissait chez lui en un désir d'intrigue.

Il eût été plein de fougue, s'il n'avait pas encore à redouter les conséquences de son algarade avec Talleyrand. Trois jours se passèrent Le matin du quatrième, il reçut dans son courrier un papier officiel lui annonçant que, vu le sénatus-consulte du tant... le décret du tant... l'article 80 de l'ordonnance du tant... etc... il recevait un rappel de pension de deux mille francs, et que — cela le touchait encore davantage — il était, vu ses services antérieurs, réhabilité, sans remise en activité, dans ses grade et titre de général de brigade et d'officier de la Légion d'honneur.

— C'est une plaisanterie, s'écria-t-il.

Mais non. Les papiers étaient bien là, les timbres, la griffe illisible du gouverneur de Paris.

Sa première idée fut qu'il devait cela à Rovigo; mais il réfléchit que, s'il avait voulu rechercher ses bonnes grâces et acheter son silence, le préfet de police n'eût pas agi avec ce désintéressement anonyme. Alors? Alors, dans son orgueil, simple et sincère, il se dit que tout cela n'avait rien que de très naturel, qu'il avait été un grand soldat. Et, comme il continuait dans son ascension, qu'il recevait bientôt des cartes pour les réunions des vétérans de l'armée des Alpes, pour les soirées du gouverneur, pour les prises d'armes aux Invalides, il porta hautement et fièrement sa redingote de demi-solde, sa rosette grosse comme une tomate et sa canne à pomme en tête de grognard, qu'il maniait comme une cravache.

Toute sa fougue de conspirateur était revenue et s'il convoquait à nouveau l'abbé Lafon, Boutreux et Rateau, c'était pour leur donner des ordres comme à des subalternes.

⁂

Depuis trois ans qu'il intriguait après avoir été pendant dix ans le maître tout puissant et redouté. M. de Talleyrand avait une estafette à la porte de chaque grande administration. Ç'avait été un jeu pour lui de dépapilloter l'âme de Malet, et de manœvrer ce pantin. Il s'était dit que cet exalté, décidé à renverser l'Empereur était somme toute un objet rare. Pourquoi ne lui fournirait-on pas les moyens moraux et pécuniaires d'amorcer son entreprise, pour pouvoir pêcher en eau trouble, quand le moment serait venu. Et M. de Talleyrand regarnit la bourse de Malet et revalorisa son moral en faisant adroitement descendre des greniers du ministère de la guerre des dossiers poussiéreux et oubliés.

Malet agirait, agiterait le peuple et, le soir même, se casserait les reins. Le prince de Bénévent, pur de tout soupçon, serait là pour rétablir le calme. Et quand bien même le complot avorterait, il resterait toujours dans les esprits un peu du discrédit jeté sur l'édifice impérial.

Cependant, la conspiration restait éternellement au même point. Boutreux arrivait chaque fois aux rendez-vous du général avec une serviette toujours plus remplie, mais sans apporter rien de bien nouveau. Il avait, compulsant les cotes, les constitutions, gratté les textes officiels, fabriqué le fatras juridique de l'affaire : un sénatus-consulte annonçant aux troupes la mort de l'Empereur, une proclamation du général commandant les troupes de Paris, un état de siège et une ordonnance de police; plus les articles additionnels à la constitution.

L'étudiant en droit lisait et relisait ces papiers, arrivait à s'en griser et à considérer sa première phrase : « Le gouvernement impérial est aboli. Il est établi un gouvernement provisoire... » comme une réalité.

Rateau, lui, était, dans un tout autre domaine, aussi peu pratique et superficiel. Il avait choisi le rôle de costumier de la conspiration et rien n'avait pour lui plus d'importance. Chaque ceinturon, chaque panache, chaque épaulette, subtilisés par lui à la caserne de la garde, était apporté chez Malet comme un trophée. Ce caporal se voyait déjà capitaine aide de camp, suivant sur le chemin des Tuileries le général Malet, chef du gouvernement provisoire.

Quant à l'abbé Lafon, entre deux prises, il donnait son mot, recueillait les racontars parisiens et les réflexions des portières. Pauvre conspiration! Si prétentieuse, si mesquine, que serait-elle devenue sans l'aide anonyme et toujours présente du prince de Bénévent, le plus merveilleux intrigant des temps modernes!

⁂

Parmi les anciens militaires que Malet fréquentait dans les réunions où il était maintenant admis, il se lia avec un ancien chef d'escadron, un ex-aide de camp de Lefèbvre... qui, tous, comme par hasard, venaient de temps à autre au rapport à l'hôtel de Talleyrand.

Un jour, au cours d'une conversation, le chef d'escadron disait au général.

— Il paraît que l'armée est mécontente de l'issue de la campagne de Russie. Je ne sais ce que vaut le potin, mais on me disait hier que des mutineries s'étaient produites à la caserne de Popincourt et que le colonel lui-même... Enfin! on dit tant de choses.

Une autre fois, après un dîner, l'aide de camp se laissait aller à des confidences.

— Oui! l'Empereur ferait bien de revenir. On a peur pour l'approvisionnement de cet hiver... L'Hôtel de Ville fourmille d'anciens jacobins. Il suffirait d'une poignée d'hommes, j'en suis persuadé, pour y faire hisser le drapeau rouge.

Et des idées de cette trempe, semées en passant, ne manquaient pas de germer dans le cerveau de Malet.

Un jour, il demanda à un de ses compagnons qui lui exposait la situation au travers des bruits tendancieux :

— Mais, à la préfecture de Police?

— Oh! ça! c'est la pierre d'achoppement de toute révolution. Et c'est ce qui sauvera le régime. Rovigo est un être intraitable, très mal avec l'impératrice certes, mais dévoué jusqu'au bout à l'Empereur.

— Dévoué... par affection?

— Non, par crainte.

Malet n'en dormait plus. Il questionnait avec habileté, croyait-il, ses compagnons habituels, qui chaque fois lui répondaient selon son désir, circonscrivant peu à peu le champ d'expériences du général, l'amenant lentement comme au fond d'une impasse. C'est alors que la Conspiration se précisa enfin. Car Malet connaissait maintenant les deux points sensibles de la capitale : la caserne Popincourt, qui promettait la force armée, l'Hôtel de Ville où régnait le peuple. Quant à la Préfecture de police, il s'en chargeait.

Le 21 octobre 1812, les quatre conjurés se réunirent dans la maison de l'impasse Saint-Pierre, arrêtèrent un plan, enfin minutieux, autant qu'extravagant, et fixèrent son exécution à la nuit du 22 octobre.

L'histoire a enregistré cette conspiration,

— qui faillit un moment jeter Napoléon à bas de son trône, — sans jamais l'expliquer. C'est qu'à la vérité, elle était un produit complexe de tant de conspirations rêvées, un bouquet de tous les agités de l'heure.

Dès que l'intrigue se glisse dans une société, il est impossible de dire quelles seront les conséquences, les enchaînements, les rebondissements. Le petit complot dirigé contre l'honnêteté de l'Impératrice s'était fondu dans les manigances du général Malet, qui maintenant absorbait toute l'attention des ennemis du pouvoir. M. de Neipperg pouvait aller et venir dans les Tuileries, compromettre Marie-Louise, personne ne s'en souciait plus, si ce n'est Malet. Talleyrand avait eu beau lui révéler cyniquement l'identité du personnage, le général savait très bien que le rappel de l'affaire de N... produirait un effet fâcheux sur Rovigo. Que cet officier autrichien fut un simple diplomate clandestin, ainsi que le lui avait affirmé le prince de Bénévent, il n'avait pas l'idée d'en douter; mais, ce qu'il mettait en doute, c'était l'innocence du préfet de police. Et il se réservait de faire chanter son Excellence quand le moment serait revenu.

VII

Il pleuvait à verse la nuit du 22 au 23 octobre 1812. Les sentinelles de la caserne de Popincourt, tassées au fond de leurs guérites furent soudain tirées de leur demi-sommeil, vers trois heures du matin, par trois personnages officiels, ou s'efforçant de paraître tels. A la vue des plumes d'un général, les factionnaires présentèrent les armes. Les nocturnes visiteurs pénétrèrent dans le poste et demandèrent à voir immédiatement le colonel.

Sous ce prétexte, grâce à la richesse de la garde-robe de Rateau, Malet, guindé dans son uniforme de général, Boutreux, sanglé dans une redingote, le ventre ceint d'une écharpe tricolore, et Rateau lui-même, plastronnant dans son dolman de capitaine aide de camp venaient d'entrer dans la réalisation de leur complot.

Le colonel, réveillé en hâte, arriva au corps de garde. Sans autre préambule, Malet le salue de ces termes :

— Colonel, je vous apporte une étonnante nouvelle : L'Empereur est mort il y a cinq jours sous les murs de Moscou.

Coup de tonnerre dans le corps de garde. Exclamations; stupeur; lourd silence. Sans se troubler, Malet pousse Boutreux en scène. Le prétendu conseiller municipal très digne dans sa redingote et sous son chapeau haut de forme débite son sénatus-consulte de pacotille, d'après lequel, à la séance de huit heures du soir, le 22 octobre, le Sénat apprenant la mort de Napoléon, après avoir songé aux moyens de sauver la patrie en danger, décrète l'abolition du gouvernement impérial. Puis lecture est donnée de la composition du gouvernement provisoire, dans lequel, au milieu d'une salade de sénateurs et d'anciens ministres, figure le général Malet.

Quand la lecture est terminée, Malet s'adresse au colonel :

— Veuillez maintenant faire sonner le réveil

— *Colonel, je vous apporte une étonnante nouvelle : l'Empereur est mort.*

et rassemblez tout l'effectif présent, dans la cour du quartier.

Ahuri, se demandant s'il rêve encore, le colonel pivote et court donner des ordres. La nuit retentit de la sonnerie alerte, et, sous la pluie battante, le régiment se rassemble, en armes.

Alors, Malet sent son rêve se réaliser. Au bruit des commandements brefs, devant les hommes figés au port d'armes, il sort lentement du corps de garde, suivi à distance par Rateau déjà capitaine et Boutreux presque ministre. Jusqu'ici tout se passe comme il l'a prévu. Il ne doute plus du succès complet de sa folie. Et d'une voix d'empereur, il proclame aux troupes massées devant lui :

— Citoyens et soldats, Bonaparte est mort. La justice a fait son œuvre. Nous n'avons plus de tyran. L'enfant bâtard qui dort aux Tuileries est indigne de régner sur vous. L'Empire est aboli, le Sénat l'a déclaré. Il est de votre devoir d'obéir à la nouvelle constitution. Soldats, vous êtes faits pour défendre la liberté et l'égalité. Soyez dignes de votre tâche. L'assemblée a nommé le général Malet commandant la première division militaire. La paix est proclamée; la dotation de la Légion d'honneur est doublée; il y a pendant le mois haute paye de trente sous par jour pour la troupe, double traitement pour les officiers; un mois de solde sera dès demain payé d'avance. Vive le gouvernement provisoire! Vive la Nation!

Sans attendre des acclamations que la stupeur devait empêcher de faire sortir, il fit former les rangs et lui-même, à la tête du défilé, au fracas des tambours et de la musique, drapeau en tête, sortit à cinq heures du matin de la caserne de Popincourt, ameutant tout le quartier.

⁂

C'est vers le ministère de Police que le général se dirigea tout de suite. Il était à cette époque sur le quai Malaquais, au coin de la rue des Saints-Pères. Il fallut traverser la moitié de Paris et, sans cesse, Malet, fit jouer la clique. Sur tout le passage des fenêtres s'ouvraient, des têtes effarées apparaissaient. Il n'était pas mauvais d'électriser Paris.

Parvenu au ministère, le général fit ranger ses hommes le long du quai et seul, suivi de Rateau, se présenta à la grand'porte. Le corps de garde, surpris, ouvrit.

— M. le Ministre! Tout de suite! hurle Malet.

Sans attendre qu'on l'introduise, il monte un escalier déjà connu de lui, traverse l'antichambre, le bureau et, après quelques recherches, tombe dans la chambre de Savary. Le ministre était au lit. Il se réveille en sursaut, aperçoit une figure qu'il aurait reconnue sous n'importe quel déguisement, croit être l'objet d'un cauchemar, et retombe sous ses draps en poussant un cri.

Mais Malet marche vers lui.

— Savary, si, lors de nos rencontres de la semaine dernière, tu n'as pas su voir en moi l'aide de camp de ministre de la Guerre, tu n'es qu'un niais. L'Empereur est mort.

— L'Empereur est mort!?

— Tes mystérieux agissements du mois passé ont été connus. Le peuple t'accuse d'être la cause de cette mort.

— Moi?

— Pas un mot! Souviens-toi de M. de N..., Savary. La Révolution gronde sur Paris. Les troupes, en armes, sont sous ta porte.

Et, de force, tirant le ministre hors de son lit, il le traîna jusqu'à la fenêtre, écarta les rideaux : Le quai apparut au ministre encombré de voltigeurs, l'arme au pied.

— Tu n'as plus qu'un moyen pour sauver ta tête, continua Malet; fuis, sans un mot, sans proférer un ordre. Je veille sur ta retraite; je réponds de ta vie. Mais avant, rédige deux proclamations, à la Police générale, aux brigades mobiles, leur enjoignant d'obéir jusqu'à la nuit au général Malet commandant la première division militaire.

Et Rovigo, tout tremblant, écrivit et signa ce qu'on lui demandait...

C'est ainsi que M. le Ministre de la Police de l'Empereur, duc de Rovigo, fut expédié en chemise dans un fiacre que l'on était allé quérir en hâte, à la prison de la Force, accompagné par Boutreux porteur de l'ordre d'incarcération signé de Savary lui-même.

⁂

Maître de la Préfecture de Police et paralysant tout contrôle et toute alerte, Malet y installa son quartier général. Il y laissa Rateau avec un chapeau à plumes et partit, à la tête de son régiment, vers la place de Grève et l'Hôtel de Ville.

Il était près de sept heures. Paris commençait à s'éveiller. Les passants à la vue des troupes s'étonnaient, questionnaient les soldats et la même nouvelle terrifiante volait de bouche en bouche : L'Empereur est mort! Et cette conclusion était déduite par presque tous comme semblant logique : L'Empire est aboli... A la consternation qui se peignait sur les visages, il était facile de comprendre que l'on s'attendait à une Révolution. Il n'y avait pas un mot pour le roi de Rome, pour cet enfant d'un an et demi dont Paris n'avait connu l'existence que par les coups de canons célébrant sa venue au monde. Pas une fois, le cri qu'on aurait pu attendre, cependant, ne parvint aux oreilles de Malet : L'Empereur est mort! Vive l'Empereur!

A ce moment-là, le général traversait le cœur de Paris en maître. Pas un instant, il ne douta pendant le trajet de l'issue de cette merveilleuse journée. Il faut dire que les évènements l'y encourageaient et cela lui semblait la chose la plus naturelle du monde.

En parvenant à l'Hôtel de Ville une nouvelle joie l'attendait. Le corps de garde était réduit au minimum; quelques soldats dans la cour, lorsque le régiment se présente. Malet apprend que M. le Préfet vient de partir avec sa garde. appelé d'urgence à la caserne de Popincourt.

Il serait vain de chercher dans ce fait une autre intervention que celle de M. de Talleyrand, dont la police personnelle mieux informée que celle du ministre avait eu vent de la cavalcade que menait Malet dans les rues de Paris. Et le prince de Bénévent s'était chargé d'alerter M. le Préfet de la Seine et de le faire courir chez les voltigeurs de Popincourt pendant que les voltigeurs de Popincourt se rendaient maîtres de la Préfecture.

Le préfet apprit à la caserne la nouvelle de la mort de l'Empereur, revint bride abattue à l'Hôtel de Ville et y trouva l'état-major du général Malet se préparant à recevoir le gouvernement provisoire.

Il y a des circonstances où l'homme le plus perspicace n'a pas l'idée de douter d'un fait qui se présente à ses yeux avec une précision irréfutable. Comment le préfet de la Seine aurait-il pu ne pas croire à la mission officielle du général Malet et à l'abolition de l'Empire, alors qu'il avait devant les yeux l'état-major, le sénatus-consulte, les troupes en armes et alors surtout que la nouvelle foudroyante qu'il venait d'apprendre lui avait paralysé tout raisonnement.

Volant de conquête en conquête Malet se demandait maintenant où il allait porter ses pas. Il était huit heures : il fallait compter avec le peuple et avec les troupes. Il n'avait qu'un régiment, grossi de quelques hommes de garde racolés à la Préfecture de Police et à l'Hôtel de Ville. Marcher sur les Tuileries pour se heurter à la garde du Palais, qui alerterait en un quart d'heure les casernes des quartiers du centre, il n'y fallait pas songer. Le mieux était de faire encore boule de neige. Si l'on pouvait par supercherie gagner la place, la partie s'engagerait avec forces égales et le tour serait joué. Et le régiment musique en tête quitta la place de Grève et se dirigea vers la place Vendôme, siège du gouvernement militaire de Paris.

⁂

La rue Saint-Antoine, la rue Saint-Honoré grouillantes à cette heure, étaient houleuses.

Comme une traînée de poudre, le bruit de la mort de l'Empereur s'était répandu et c'est englobées de peuple que les troupes parvinrent chez le gouverneur.

Sur la place Vendôme, Malet fait battre les tambours. Et puis, c'est le fracas des clairons qui éclate. Le général et les officiers pénètrent dans l'hôtel, salués par les sentinelles; montent au premier étage où sont les appartements du gouverneur. A la porte, deux factionnaires barrent la route.

— Ordre de la Nation, lance Malet, d'une voix qui n'admet pas de réplique. Et il entre.

Le général Hulin, gouverneur de Paris est en train de s'habiller. Sa femme sommeille encore. Sur le seuil se dresse la silhouette empanachée de Malet.

— Général, je suis délégué par le Sénat pour vous annoncer la mort de l'Empereur et l'abolition de l'Empire. En tant que membre du gouvernement provisoire, je vous mets en état d'arrestation et vous fait garder à vue dans cette chambre jusqu'à la nuit.

Très calme, Hulin répond :

— Je vous obéirai, Monsieur, sur présentation de vos ordres.

— Bien, fait Malet : suivez-moi.

Il pénètre, précédant le gouverneur, dans le petit salon attenant à la chambre. Lorsque la porte est refermée, Malet fait deux pas vers Hulin et, en pleine figure, lui lance :

— Mes ordres? Les voilà! Et d'un coup de pistolet, il lui fracasse le crâne.

Au bruit de la détonation, Mme Hulin se précipite en chemise dans le vestibule, poussant d'affreux cris. Elle se heurte, à l'entrée du salon à Malet très calme, et aperçoit, dans l'entrebâillement de la porte, le corps de son mari dans une mare de sang. Elle hurle : Au secours! Les officiers du poste surgissent par toutes les portes. Et c'est le début du brouhaha. Malet et son état-major ont le temps de redescendre au rez-de-chaussée. Là, le général fait aux soldats assemblés une nouvelle proclamation cinglante :

— L'Empereur est mort... Vive la Nation!..

Les mêmes mots reviennent, toujours les mêmes. On sent pour la première fois que Malet est au bout de son rouleau, qu'il a joué toutes ses cartes. Et derrière lui, dans l'hôtel, c'est le remous à l'annonce de l'assassinat de Hulin. D'un dernier moulinet de son sabre, il essaie d'entraîner les troupes de la place massées à ses côtés. Il sort de l'hôtel, vocifère, gesticule, en présence de la foule houleuse derrière les baïonnettes du régiment de Popincourt. Et une voix suffit pour calmer toute cette fièvre, tout ce vacarme. A la fenêtre du gouverneur vient de paraître la haute silhouette de colonel chef d'état-major. Ces mots tombent sur la place Vendôme :

— Soldats, vous êtes les victimes d'une inqualifiable supercherie! Soldats, l'Empereur n'est pas mort! Vive l'empereur!

Et, à cette voix où vibraient tant de sincérité et d'émotion, à cette voix si différente, par ces accents, du verbiage boursoufflé et fiévreux de Malet, répond une immense acclamation, partie d'un coin de la place, qui grandit, monte, éclate : Vive l'Empereur!

Malet, bousculé, tiraillé de droite et de gauche, sous les coups et les huées, se retrouve dans le corps de garde de l'hôtel, maîtrisé par trois sous-officiers, entouré de soldats l'arme au pied.

VIII

Après l'orage de la nuit, le ciel s'était dévoilé. Dans cette claire matinée d'octobre, à peine commencée et déjà si remplie d'évènements, le régiment de Popincourt regagna sa caserne, toujours précédé de ses joyeuses fanfares et portant haut devant lui l'aigle impérial, comme pour annoncer au peuple que rien n'était changé ce matin-là dans le sort de la France.

La conspiration se défit comme elle s'était faite, à rebours. Les officiers de la place en remontèrent le courant. A l'Hôtel de Ville d'abord, ils trouvèrent le candide préfet de la Seine en train d'activer les préparatifs de la réception solennelle du gouvernement provisoire et Boutreux, toujours paperassier, code civil en main, en train de dicter à cinq secrétaires à la fois, des proclamations pour la province. Au ministère de la Police enfin, ils trouvèrent dans le fauteuil du duc de Rovigo l'ex-caporal Rateau, qui, assouvissant sa passion du déguisement, s'était paré de l'épée de nacre, du manteau broché et du toquet à plume ministériels.

On entassa dans un fiacre ces deux guignols et l'on partit les ranger à la prison de la Force; on profita du voyage pour délivrer M. de Rovigo, toujours en chemise, que l'on ramena solennellement dans ses salons.

Le soir, Paris était en fête; dans les théâtres les ministres présents à Paris et les grands dignitaires se montraient en de pompeux costumes, la poitrine barrée de la Légion d'honneur. L'Empire était toujours debout; le peuple semblait s'en réjouir. Mais un sentiment de gêne, indéfinissable, pesait sur la capitale. Etait-il donc si fragile cet Empire, pour être debout par le seul prestige d'un homme? Etait-elle donc si factice, cette Constitution, puisqu'il suffisait de la disparition de celui qui l'avait faite pour la faire disparaître à son tour. Et malgré eux, les vieux Parisiens, nés sous Louis XVI, faisaient une comparaison avec le régime de la vieille France, qui s'était perpétué depuis tant de siècles de roi en roi, immuablement, par la grâce de Dieu.

Du fauteuil de son cabinet, le prince de Bénévent, prévenu dès l'aube, avait été mis au courant, de demi-heure en demi-heure du progrès du coup d'Etat. Après que, grâce à lui, l'Hôtel de Ville eût été occupé, il commençait à préparer son entrée en scène. A neuf heures du matin, il avait à ses côtés quatre sénateurs, trois généraux et deux ambassadeurs.

— Messieurs, il se passe en ce moment des faits inouïs. Un imposteur hurle dans Paris la mort de l'Empereur; deux des plus grandes administrations de l'Etat lui ouvrent leurs portes. Pas une réaction, pas un ordre n'émanent des Tuileries. Je frissonne, Messieurs, en songeant aux responsabilités d'une telle incurie; je tremble d'être obligé de découvrir malgré moi une complicité aux Tuileries même. La complaisance viendrait de personnes si haut placées que je ne puis vous en dire davantage. Un nom, un nom auguste est sur toutes les lèvres.

Ainsi, posant le premier jalon de son intervention, accusant à peine à mots couverts l'Impératrice et son entourage, Talleyrand allait se poser en champion du principe impérial, quitte à en faire ressortir l'ineptie au profit d'un nouveau gouvernement qui resterait à trouver.

Il en était au milieu de se péroraison lorsqu'un courrier vint lui apprendre que Malet marchait sur la place Vendôme.

— Tout est perdu. Il va trouver Hulin, qui est un soldat, le premier qu'il ait rencontré depuis ce matin. Ce n'est pas là qu'il aurait dû aller, c'est à une autre caserne, c'est au Sénat, c'est aux Halles!

Puis, redevenant calme, derrière son bureau, il dit à ceux qui étaient présent :

— Messieurs, je ne vous retiens plus. L'Empire est sauvé. C'est ce que nous voulions tous, n'est-ce pas?

Et le soir même, désespérant d'entraîner à sa suite ce peuple de Paris qui pestait contre le Corse et se laissait reprendre à chaque passage de régiment, il accepta de donner audience à l'envoyé secret du futur Louis XVIII, qui languissait depuis quelques semaines dans son vestibule...

***

Malet, transporté sous bonne garde, en compagnie de ses complices, à la prison de la rue du Cherche-Midi, comparut quatre jours plus tard devant un Conseil de guerre réuni spécialement.

L'audience prit tout de suite un tour de réunion politique. Ce n'est pas sa défense que Malet plaida ; c'est celle du peuple de France, opprimé par le joug de César, celle du principe de liberté, d'égalité et de fraternité.

Ses paroles théâtrales vibraient dans la salle. Des mots retentissants portaient. Le ministre de la Guerre expédia l'ordre de hâter le jugement.

Malet fut condamné à mort, ainsi que le caporal Rateau, pour crime contre la sûreté intérieure de l'Etat. Boutreux, fantoche aux habits de notaire, était dédaigné par le Conseil de guerre. Quant à l'abbé Lafon, qui avait pris peur dès l'aube du 23 octobre, et était revenu s'enfermer dans la maison de l'impasse Saint-Pierre, on n'en parla même pas.

Et le 29 octobre 1812, au milieu de l'après-midi, Malet était conduit par un piquet en armes à la barrière de Grenelle.

On avait voulu que l'exécution eût un solennel retentissement ; qu'elle fût un peu la rançon de la matinée du 23 et qu'elle servît d'exemple au peuple de Paris.

Tout le long du funèbre cortège, on avait placé des soldats, comme pour indiquer le trajet qu'on allait suivre. Les badauds étaient venus se placer derrière. Ce n'était pas le public habituel des exécutions nocturnes, la lie de la population, les sadiques ou les amateurs d'émotions fortes; c'était, au grand jour, les passants des quartiers riches et commerçants.

Un peloton de dragons, sabre au clair, précédait les tambours qui battaient aux champs. Et derrière, dans une voiture encadrée de troupes, se tenait Malet. Durant le trajet, il s'époumonna en proclamations. Toute sa surexcitation de dément s'extériorisait en cette heure suprême. Il était un martyr marchant au supplice, le dernier des Jacobins.

Avenue de la Motte-Picquet, il parlait; en traversant le Champ-de-Mars, il parlait; et devant l'Ecole militaire, se levant, les bras en croix, on l'entendit hurler :

— Citoyens, je tombe, mais je ne suis pas le dernier des Romains...

Puis en arrivant au lieu de l'exécution, il se rappela qu'il était général, qu'il avait vu le feu à Montenotte et à Marengo. Renouvelant le geste des condamnés héroïques ou cabotins, il

— *Feu!*

refuse de se laisser bander les yeux. D'un pas ferme, il se place face au piquet. Et, à la stupeur générale, en prend le commandement.

Petoton, portez... Armes!

Les soldats surpris, presque terrifiés, hésitent.

— Au temps! Portez... armes!

Puis, satisfait cette fois, il attend, très pâle, très calme; et un ordre retentit, puissant, nerveux :

— Feu!

Malet est tombé. Les coups ont manqué d'assurance : les soldats ont, malgré eux, perdu leur sang-froid en présence de cet héroïsme de parade. Malet se débat dans d'affreuses convulsions. Un officier l'achève à bout portant.

IX

Aux Tuileries, on avait feint d'observer la plus grande indifférence. Le jour du coup de force, la nouvelle était parvenue alors que Malet était installé à la place Vendôme, c'est-à-dire quelques instants avant sa chute. Le maréchal du Palais avait eu le temps de rassembler les troupes de la garde. On n'avait pas un instant pris l'affaire au sérieux. L'Impératrice s'était éveillée lorsque Malet était déjà en prison...

Mais, quand on connut le but de l'affaire, quant on sut l'accueil que les Parisiens avaient fait à l'annonce de la mort de l'Empereur, on s'affola quelque peu, rétrospectivement. On s'affola à tel point que le chancelier envoya deux courriers au fond de la Russie pour avertir l'Empereur.

Napoléon les reçut aux environs de Smolensk, perdu dans les neiges. Ses nerfs avaient été terriblement mis à l'épreuve par les évènements qui venaient de se dérouler. Il avait dû quitter Moscou au milieu de l'incendie pour se retrouver en plein hiver dans les déserts glacés de la Russie. Talonné, harcelé par l'armée russe, qui s'était dérobée devant lui lors de sa marche en avant et maintenant réapparaissait à tous les horizons. Ce que les cosaques n'avait pas tué, le froid, la faim s'étaient chargés de le faire. Quatre cent mille hommes avaient passé le Niemen trois mois plus tôt. Vingt mille au plus, transis, blessés, à bout de forces, formaient actuellement la garde de l'Empereur.

Et voici que maintenant, on conspirait à Paris même. On promenait l'annonce de sa mort sur les bords de la Seine. Pour la première fois, Napoléon eut peur et comprit que là où il n'était pas, il était possible que l'on se passât de lui.

Alors, sans réfléchir, sans se demander si ce n'était pas un peu une lâcheté d'abandonner au froid et à la mort ceux qu'il avait entraînés là, il partit le soir même en traîneau vers l'ouest. La bise, la neige l'assaillirent dans sa traversée de la Russie. Il parcourut l'Allemagne, sautant de courriers en courriers, roula enfin sur les routes de France. Sa voiture se brise à Meaux. Il prend la poste, comme un simple voyageur. En dix jours, il était revenu de l'extrémité de l'Europe. Le 19 décembre, en pleine nuit, un petit homme vêtu d'un uniforme boueux, d'un petit chapeau râpé, parvint en coup de vent aux Tuileries.

— Qui va là? dit la garde, s'interposant.

— L'Empereur!

Il monta chez lui, faisant résonner l'escalier de ses éperons et demeura seul toute la nuit, ayant refusé de voir l'Impératrice et s'étant permis, pour toute visite, de se pencher sur le berceau ciselé du roi de Rome.

Mais le lendemain, le Palais était agité. Le maître était là. Il donnait ses ordres. Une impression indicible de tranquillité et de sécurité dominait cette surexcitation apparente.

Il parla peu de l'affaire de Malet, qu'il voulait avoir l'air de dédaigner. Mais il lui fallait un bouc émissaire. Frapper Rovigo eût été faire un esclandre maladroit et inutile. C'est le préfet de la Seine, dévoué et fidèle, mais qui avait eu le tort d'être par trop candide, qui paya pour tout le monde. Et au cours de l'entrevue qu'il eut avec lui, Napoléon fit voir toute sa rage et toutes ses inquiétudes.

— Eh bien! Monsieur, vous me croyiez mort? Un faquin en lançant cette nouvelle vous terrorise tous. Vous me croyiez mort? Et quand cela eût été? On meurt sur les champs de bataille. Et le roi de Rome? Vos serments? Vos principes? Vos doctrines? Vous me faites frémir pour l'avenir...

Jamais il n'avait été plus sincère et jamais il n'avait vu plus nettement la situation. L'avenir...

... L'avenir n'est à personne.

— Sire, l'avenir est à Dieu.

Ce que Malet n'avait pas pu faire parce qu'il ne pouvait pas le faire, d'autres le feront bientôt. Rois étrangers, diplomates mécontents et ambitieux, émigrés, Talleyrand, Louis XVIII...

On ne criera plus, cette fois : L'Empereur est mort!

On dira : L'Empereur est vaincu!

TABLE DES MATIÈRES

LATUDE

CONSPIRATION DE MALET

ACHEVÉ D'IMPRIMER SUR LES
PRESSES DE E. RAMLOT ET Cie,
52, AVENUE DU MAINE, PARIS

DANS LA COLLECTION :

Les Grands Drames de l'Histoire

PARAITRONT

Les Récits les plus poignants et les plus dramatiques

www.ingramcontent.com/pod-product-compliance
Ingram Content Group UK Ltd.
Pitfield, Milton Keynes, MK11 3LW, UK
UKHW031836260826
14628UKWH00001B/416

9 782329 596754